上 册

Chinese Reading Materials
For Non-Chinese Speaking Learners

国际 中文 阅读教材

主　　编：赵　梅

副 主 编：宋思雨　张佳曼

英文审校：Kai Yung Brian Tam（谭继镛）

编写成员：赵　梅　宋思雨　张佳曼　徐婉青

　　　　　余珂欣　郭媛媛　段晓莉　田宇晴

厦门大学出版社　国家一级出版社
XIAMEN UNIVERSITY PRESS　全国百佳图书出版单位

图书在版编目（CIP）数据

国际中文阅读教材 / 赵梅主编. -- 厦门：厦门大学出版社，2023.9
ISBN 978-7-5615-8830-7

Ⅰ．①国… Ⅱ．①赵… Ⅲ．①汉语-阅读教学-对外汉语教学-教材 Ⅳ．①H195.4

中国版本图书馆CIP数据核字(2022)第190746号

出 版 人　郑文礼
责任编辑　王鹭鹏
美术编辑　李嘉彬
技术编辑　朱　楷

出版发行　厦门大学出版社
社　　址　厦门市软件园二期望海路 39 号
邮政编码　361008
总　　机　0592-2181111　0592-2181406(传真)
营销中心　0592-2184458　0592-2181365
网　　址　http://www.xmupress.com
邮　　箱　xmup@xmupress.com
印　　刷　厦门市金凯龙包装科技有限公司

开本　787 mm×1 092 mm　1/16
印张　16.25
字数　350 千字
版次　2023 年 9 月第 1 版
印次　2023 年 9 月第 1 次印刷
定价　80.00 元（上下册）

厦门大学出版社
微信二维码

厦门大学出版社
微博二维码

前　言

　　作为教材，本书既遵循语言学习规律，又反映时代脉搏、文化精神，以真实、新颖的面目来贴近学生，反映当下正在发生的中国故事、当代中国的风貌、中国人的价值观和文化观念，也呈现汉语学习者们亲身的经历及影响世界的重大事件。汉语学习者使用这一教材，易于上手，也有助于了解中国当下社会的生活。

　　教材编写以文化单元为主线，主题选择遵循由浅入深的原则，以最易理解的衣食住行——当代的社会生活——为起点，然后渐及风俗、科技、艺术等领域，最后则介绍与传统价值和历史哲学相关的精神文化。具体内容顺序为：食在中国、乐活中国、人生百味、行走中国、淳风趣俗、作客中国、科技潮流、国潮之光、古韵风华、文化记忆，共十个单元。每个单元由相关的四篇文章组成，每篇文章自成一课，每课由课文、生词、注释、语言点及练习五部分组成。

　　教材编写以《新汉语水平考试（HSK）词汇》（2012 年修订版）为依据，以"汉语阅读分级指难针"为测量工具，参照教育部中外语言交流合作中心"国际汉语教材编写指南"平台的难度要求和对字、词、句、段的要求，参考《国际中文教育中文水平等级标准》，由易入难地编排生词，循序渐进地增加课文篇幅。词汇和语法难度对标现有的 HSK 三级、四级和五级，所以是汉语学习者备考 HSK 考试比较理想的学习用书。

　　教材编写以提高学生中文理解能力和阅读速度为主要目的，结合精读和速读训练帮助学生培养多种阅读技能。设置长难句分析题以锻炼学生的句子、句群分析能力；设置段落大意题以考察学生对段落篇章的理解；设置快速阅读题以训练学生在短时间内提取关键信息。

此外，帮助学生掌握相应水平的词汇及语法也是本教材的编写目的，练习设计包含现有 HSK 相关级别考试的阅读题型，学习者在阅读文章、了解中国现状及文化的过程中，可掌握阅读技巧，更好地适应考试。

教材分上下两册，既可作为中文专业阅读课教材使用，也可作为短期进修教材或读本使用，适用对象为有一定汉语基础的外国学生。完成约 400 学时现代汉语正规教育或同等水平的学习者可使用上册，完成约 800 学时或同等水平的学习者可使用下册。每篇课文教学时间建议为 3～4 学时，教师也可按照教学计划及学生水平进行调整。为方便教师使用此书，每课都备配有教案、教学 PPT、练习答案及相关视频，供参考使用，需要者可通过电子邮箱 gjhyyd2022@163.com 联系我们。

本书在数字用法、计量单位、通用缩写等方面尽量保持全书一致，但考虑到学生水平，为达到醒目、易于辨识的阅读效果，某些篇目采用阿拉伯数字和字母而非汉字表达。文本中生词一律标上阴影背景，其释义详见文后生词表，为了便于读者理解文本，我们用下划线标出那些超纲词汇及固定短语，并在侧边栏注释。此外，在生词释义中，由于某些词语的英文表达方式与中文不同，故部分译文词性可能与标注词性稍有差异。

编者水平有限，时间紧迫，难免有错误和疏漏。敬请读者和专家学者不吝指正，我们表示衷心感谢。

编者

二〇二二年六月三十日

上册目录

食在中国

乐活中国

人生百味

行走中国

淳风趣俗

食在中国

第一课 走，喝奶茶

八月的一天，商场里一大早就有很多人，因为一家有名的奶茶店要在这里开业了。这家店第一天只卖六百杯奶茶，在这一天买奶茶的人都能得到优惠卡，所以很多人来排队。六百杯奶茶很快卖完了，小月把最后一杯奶茶买走了，她高兴地说："第六百杯！这个数字好棒啊！"

在中国，很多人爱喝奶茶，一口喝下去，既有奶香，又有茶香。其实，中国人不是现在才开始喝奶茶的，很早以前就开始喝了。中国古代有一位公主，叫文成公主，一直很爱喝茶，去了西藏以后，她发现那里的人们不喝茶，都喝牛奶。公主不习惯喝牛奶，就想了一个办法，做了一种特别的"茶"：先煮茶叶，再加入牛奶。她喝了以后觉得味道好极了，后来就习惯了喝这种奶茶。

古时候还有一个人叫张岱，他也很喜欢喝茶。有一天，他喝茶的时候，突然有一个特别的想法：如果在茶中加入牛奶，不是更好吗？为了得到牛奶，他在院子里养了一头牛。他把茶和牛奶倒在一起，慢慢地煮成奶茶，味道也非常好，还受到很多朋友的喜爱。

我们知道喝茶是中国人的传统，一般喝茶时，人就会"慢"下来，心情会放松，慢慢地喝，慢慢地感觉茶的味道。但是喝奶茶跟喝茶不一样，不需要"慢"，所以受到年轻人的喜爱，在奶茶店门口排队的人中，大多数都是年轻人。许多奶茶店还根据人们的爱好不断做出新的口味。下次你来中国，我们一起去喝奶茶吧！

优惠卡
Yōuhuì kǎ
discount card

小月
Xiǎo Yuè
Xiao Yue, a person's name

文成公主
Wénchéng Gōngzhǔ
Princess Wencheng, a member of a minor branch of the royal clan of the Chinese Tang dynasty

西藏
Xīzàng
Tibet, a province of China

张岱
Zhāng Dài
Zhang Dai, a person's name

生 词

1.有名	yǒumíng	形(adj.)	famous
2.排队	páiduì	动(v.)	to line up
3.最后	zuìhòu	名(n.)	at last, the ultimate
4.数字	shùzì	名(n.)	number, figure
5.香	xiāng	形(adj.)	fragrant, delicious
6.其实	qíshí	副(adv.)	actually, in fact, as a matter of fact
7.以前	yǐqián	名(n.)	earlier times, long time ago
8.古代	gǔdài	名(n.)	in ancient times
9.一直	yìzhí	副(adv.)	all the time
10.发现	fāxiàn	动(v.)	to find out, to discover
11.习惯	xíguàn	动/名(v./n.)	to get used to/habit, custom
12.办法	bànfǎ	名(n.)	way, method
13.种	zhǒng	量(m.)	kind, type
14.特别	tèbié	形/副(adj./adv.)	special/specially, especially
15.突然	tūrán	形(adj.)	sudden
16.加入	jiārù	动(v.)	to add, to mix, to put in
17.倒	dào	动(v.)	to pour (water)
18.煮	zhǔ	动(v.)	to boil, to cook
19.味道	wèidào	名(n.)	flavor, taste
20.传统	chuántǒng	名/形(n./adj.)	tradition/traditional
21.一般	yìbān	形(adj.)	general, ordinary, common
22.心情	xīnqíng	名(n.)	mood, state of mind
23.放松	fàngsōng	动(v.)	to relax
24.感觉	gǎnjué	动/名(v./n.)	to feel, to experience/feeling
25.需要	xūyào	动/名(v./n.)	to need, to demand/need, demand
26.受到	shòudào		be subjected to
27.大多数	dàduōshù	名(n.)	vast majority
28.许多	xǔduō	数(num.)	many, plenty of
29.根据	gēnjù	介/名(prep./n.)	according to/basis
30.爱好	àihào	名/动(n./v.)	hobby/be fond of
31.不断	búduàn	副(adv.)	continuously, unceasingly
32.口味	kǒuwèi	名(n.)	taste, flavor

语言点例句

1.把＋宾语＋动词＋补语

(1)小李把作业做完了。

(2)我把水果放到冰箱里了。

2.既……又……

(1)她既聪明又漂亮。

(2)这个西瓜既新鲜又便宜。

3.不是……吗

(1)我们一起去，不是更好吗？

(2)你怎么还不起床？今天早上不是有课吗？

4.为了……

(1)为了考一百分，他每天都努力学习。

(2)为了喝到新的奶茶口味，一些人很早就去奶茶店门口排队了。

5.A跟B(不)一样

(1)他的眼睛跟他妈妈的一样，都是蓝色的。

(2)红茶的味道跟绿茶不一样，我更喜欢喝红茶。

课后练习

一、快速阅读课文，选择正确答案

1.第一段中"开业"是什么意思？ _____

　　A.开始卖东西　　　　B.给优惠券　　　　　C.开心　　　　　　D.买东西

2."小月把最后一杯奶茶买走了"，根据这句话的前后文，我们可以知道什么？ _____

　　A.她买了第一杯奶茶　　　　　　　　B.她带着奶茶回家了

　　C.她买了第六百杯奶茶　　　　　　　D.她很棒

3.根据课文第二段，奶茶里有什么味道？ _____

　　A.只有茶的味道　　　　　　　　　　B.只有牛奶的味道

　　C.有茶和牛奶的味道　　　　　　　　D.有香水的味道

4.文成公主刚到西藏时，喜欢喝牛奶吗？ _____

　　A.喜欢　　　　　B.不喜欢　　　　　C.太喜欢了　　　　　D.不知道

5.张岱为什么养牛？ _____

　　A.他想要牛奶　　B.他经常喝奶茶　　C.为了吃牛肉　　D.为了健康

6.根据第四段,喝奶茶跟喝茶有什么不一样? _____

　　A.奶茶要很慢地喝　　　　　　　　B.年轻人不喜欢喝奶茶

　　C.奶茶可以快点儿喝　　　　　　　D.喝奶茶时心情更放松

二、请找出下列词中相同的字,查字典写出它们的意思

1.古时候　古代　古人　_____

2.味道　　口味　美味　_____

3.放松　　轻松　宽松　_____

三、选词填空

　　　　　　感觉　　排队　　以前　　放松　　一般　　香　　突然

1.那个饭馆很有名,去那儿吃饭常常得_____。

2.这盘肉的味道真_____!

3.我_____爱吃牛肉,现在不喜欢了。

4.他昨天怎么_____走了?

5.休息的时候身体会很_____。

6.我_____他很爱她。

7.小月:你喜欢喝咖啡吗?

　　小李:我_____不喝咖啡,当然,特别困的时候会喝一点儿。

四、根据课文填空

1.一家奶茶店在商场开业了,很多人来_____,小月把_____。

2._____,中国人很早_____就开始喝奶茶了。

3.文成公主为了做奶茶,她把牛奶和茶_____在一起。

4.张岱有一个特别的想法:在茶中加入牛奶,_____更好____? 于是_____得到牛奶,他养了一头牛。

5.喝茶是中国的_____。喝茶需要慢慢地_____茶的味道,喝奶茶_____喝茶_____,不需要"慢"。

五、理解语言点,完成句子

1.把＋宾语＋动词＋补语

冰箱里的水果去哪儿了? 谁_____?

2.既……又……

这个演员_____。

3.不是……吗?

你怎么不带雨伞? 今天_____?

4.为了……

_____,妈妈每天都很早起床。

5.A跟B(不)一样

_____,我的书包很大,弟弟的书包很小。

六、排列顺序

1.A.所以他懂得很多历史知识

　　B.特别喜欢去有千年历史的国家

　　C.他从小就喜欢旅游

　　_____

2.A.她每天都去跑步

　　B.除了下雨的时候

　　C.为了锻炼身体

　　_____

七、根据课文选择正确答案

1.根据第一段中的这句话，下面哪个句子正确？_____

这家店第一天只卖六百杯奶茶，在这一天买奶茶的人都能得到优惠卡，所以很多人来排队。

　　A.买奶茶可以得到优惠卡

　　B.排队的人可以得到优惠卡

　　C.买奶茶的人不多

2.文中第二段和第三段，作者最想说明的是什么？_____

　　A.奶茶很香

　　B.中国很早就有奶茶了

　　C.张岱和文成公主喜欢喝牛奶

3.根据第四段中的这句话，下面哪种说法正确？（多选题）_____

但是喝奶茶跟喝茶不一样，不需要"慢"，所以受到年轻人的喜爱，在奶茶店门口排队的人中，大多数都是年轻人。许多奶茶店还根据人们的爱好不断做出新的口味。下次你来中国，我们一起去喝奶茶吧！

　　A.年轻人喜欢喝奶茶

　　B.不同的人可能喜欢不同的奶茶口味

　　C.奶茶的口味越来越多

八、根据课文回答问题

1.根据第一段，小月做什么了？

2.中国人是现在才喝奶茶的吗？

3.文成公主刚到西藏时，她习惯喝牛奶吗？她想了什么办法？

4.张岱是怎么做奶茶的？

5.为什么奶茶受年轻人喜爱？

第二课　Biángbiáng 面

中国是面食大国，据说中国的面条有两千多种。科学家发现，中国人在四千多年前就开始吃面条了。在中国，陕西的面食特别有名，很多人都说："陕西人爱吃面，大街上的面馆比饭馆多得多。"

陕西人喜欢吃面食，做面的方法也有很多种：蒸的、煮的、炒的，只要你想得到，陕西人就能做得到。

陕西咸阳市是国际上有名的面食城市，这里的人几乎每顿饭都吃面，biángbiáng 面就来自这里。古代有个年轻人，又穷又饿，他走进一家面馆点了一碗面，吃完面他发现身上连一分钱也没有，于是他告诉老板："我虽然没有钱，但我可以为你的店写个招牌。"老板同意了。年轻人拿起笔写了一个很大的汉字，有很多笔画，这是个新的字，不同的人能看出不同的意思，有的人说这里面有做面的动作，还有人说这里面有个"心"，意思是做面的每一步都需要用心，认真做出的面才好吃。年轻人还给这个汉字一个读音——biáng，这个声音是做面时把面摔在案板上的声音。老板高兴极了，把他写的字做成招牌。从那以后，他的面条更加受人欢迎，他的面馆门口总是有很多人排队。

人们不但喜欢吃面馆里的 biángbiáng 面，也喜欢自己家里做的面条。如果问世界上最好吃的面条是什么，很多中国人会说是妈妈做的那碗面。

陕西
Shǎnxī
Shaanxi, a province of China

咸阳
Xiányáng
Xianyang, a city of China

biángbiáng 面
biángbiángmiàn
Biangbiang noodles, a type of Chinese noodles

生　词

1.据说	jùshuō	动(v.)	it is said
2.科学家	kēxuéjiā	名(n.)	scientist
3.方法	fāngfǎ	名(n.)	method，way
4.蒸	zhēng	动(v.)	to steam
5.炒	chǎo	动(v.)	to fry
6.国际	guójì	名/形(n./adj.)	international
7.城市	chéngshì	名(n.)	city
8.几乎	jīhū	副(adv.)	almost
9.顿	dùn	量(m.)	measure word for number of meals
10.来自	láizì	动(v.)	to be from
11.穷	qióng	形(adj.)	poor
12.点	diǎn	动(v.)	to order (dishes)
13.碗	wǎn	名(n.)	bowl
14.于是	yúshì	连(conj.)	therefore，hence
15.老板	lǎobǎn	名(n.)	boss，employer
16.招牌	zhāopai	名(n.)	shop sign，sign board
17.同意	tóngyì	动(v.)	to agree (with/to)
18.拿	ná	动(v.)	to hold，to catch
19.笔画	bǐhuà	名(n.)	strokes (of Chinese characters)
20.动作	dòngzuò	名(n.)	action，movement
21.认真	rènzhēn	形(adj.)	earnest，serious
22.声音	shēngyīn	名(n.)	sound
23.摔	shuāi	动(v.)	to fling，to throw, to cause to fall and break
24.案板	ànbǎn	名(n.)	kneading board，chopping board
25.欢迎	huānyíng	动(v.)	to welcome
26.总是	zǒngshì	副(adv.)	always
27.世界	shìjiè	名(n.)	world

语言点例句

1.据说

(1)别看他只有十三岁,据说他在世界数学比赛中得了第一名。

(2)据说他离开我们学校以后,跟着爸爸去了北京。

2.A 比 B＋程度补语

(1)我比姐姐高一点儿。

(2)今天比昨天冷多了。

3."连"字句:连……也/都……

(1)他太爱喝酒了,大家都不喜欢他,连他的孩子也不喜欢他。

(2)现在每个人都用手机,连我奶奶都用。

4.……,于是……

(1)我等了很久,可是公交还没来,于是我就走路去学校了。

(2)早上起床后我感觉不舒服,于是就给老板打电话,告诉他我生病了。

5.不但……,而且(也)……

(1)这些水果不但好看,而且好吃。

(2)王老师不但英语口语好,而且英语写作也很好。

课后练习

一、快速阅读课文,选择正确答案

1.根据上下文,第一段中的词语"面馆"是什么意思? _____

    A.面包   B.食物   C.吃面的饭馆   D.商店

2.根据第一段,以下哪个选项是正确的? _____

    A.中国的面条有四千多种   B.中国的面条不到两千种

    C.中国的面条有两千多种   D.中国人两千多年前就开始吃面条了

3.根据第一段,我们可以知道什么? _____

    A.陕西大街上没有面馆   B.陕西大街上有很多面馆

    C.陕西大街上没有饭馆   D.陕西大街上有面馆,但是很少

4.根据上下文,第三段中的词语"有名"是什么意思? _____

    A.不好吃   B.少

    C.大家都知道的   D.城市的名字叫"有名"

5.根据上下文,第三段中"连一分钱也没有"想表达什么? _____

    A.年轻人没有钱　　　　　　　　B.年轻人只有一分钱

    C.年轻人有一些钱　　　　　　　　D.年轻人有很多钱

6.根据第三段,关于"老板高兴极了,把他写的字做成招牌",以下哪个选项是正确的?

_____

    A.老板做新招牌以前,人们不喜欢这家店的面条

    B.老板换了新招牌,但人们不喜欢这家店的面条

    C.人们以前喜欢这家店的面条,换了招牌后现在更喜欢了

    D.人们以前不喜欢这家店的面条,换了招牌以后也不喜欢

二、请找出下列词中相同的字,查字典写出它们的意思

1.面包　面食　面条　_____

2.笔画　毛笔　画笔　_____

3.排队　排列　排序　_____

三、选词填空

点　　炒　　总是　　认真　　几乎　　穷　　同意

1.他做事情非常_____,很少出现错误。

2.每次到这家面馆,我都会_____一碗我最爱吃的面条。

3.以前我们家很_____,妈妈很少给自己买新衣服。

4.早点起床,别_____迟到。

5.他_____每天早上都要吃一个鸡蛋,因为他觉得这样很健康。

6.我的想法你_____吗?

7.我喜欢吃_____的蔬菜,不喜欢吃蒸的蔬菜。

四、根据课文填空

1._____发现,中国人在很久以前就开始吃面条,在中国的陕西有很多_____。

2.陕西人能用不同的_____做出不同的面条。

3.古代有个_____,有一天去一家面馆吃面,但是他没带_____,所以给老板写了个_____来代替面钱,老板_____了。

4.年轻人给老板写了一个新的字,写得很_____,这个字的_____非常多。

5.因为在做面条时,会把面_____在案板上,_____听起来很特别,所以给这个面取了个名字叫 biángbiáng 面。

6.Biángbiáng 面在中国非常受_____,但是人们最喜欢吃的还是_____做的面条。

五、理解语言点,完成句子

1.据说……

我还没看明天的天气预报,但是_____。

2.……比……

小月：中国面和意大利面哪个更好吃？

小张：_____。

3.连……也/都……

他最近特别忙，_____周末_____。

4.……，于是……

今天早上天气很冷，_____。

5.不但……，而且（也）……

这个苹果又新鲜又便宜。（请用语言点改写句子）

_____，_____。

六、根据课文判断对错

1.陕西人爱吃面，在街上有很多面馆。 （   ）

2.在中国，人们只会做炒的面。 （   ）

3.Biángbiáng 面的名字是一个面馆老板想出来的。 （   ）

4.中国人爱吃面条，但他们不会在家里做面条。 （   ）

七、根据课文选择正确答案

1.根据第二段中的这句话，下面哪个句子正确？ _____

陕西人喜欢吃面食，做面的方法也有很多种：蒸的、煮的、炒的，只要你想得到，陕西人就能做得到。

A.因为你想得到，所以陕西人能做得到

B.陕西人喜欢吃面条，但是他们做面条的方法很少

C.陕西人喜欢吃面条，而且他们会用很多种方法做面条

2.根据第三段中的这句话，关于年轻人写的这个字，我们可以知道什么？ _____

年轻人拿起笔写了一个很大的汉字，有很多笔画，这是个新的字，不同的人能看出不同的意思，有的人说这里面有做面的动作，还有人说这里面有个"心"，意思是做面的每一步都需要用心，认真做出的面才好吃。

A.虽然年轻人写的这个汉字很难，但是这个字只有一个意思

B.有的人觉得，想要把面做得好吃，需要认真做好每一步

C.这句话说明，写汉字的时候要认真写

八、根据课文回答问题

1.中国人做面条的方法有哪些？

2."Biángbiáng 面"这个名字是怎么来的？

3.你的国家饮食文化中有面条吗？说说你们国家的面条和中国的面条有什么相同点和不同点。

第三课　你能吃辣吗

你能吃辣吗？说到能吃辣，你会想起谁呢？

我其实是一个不吃辣的人，但是我的一个朋友非常能吃辣，因为他小时候跟奶奶一起生活，奶奶喜欢吃辣，平时做菜都会放辣椒，所以他也就养成了吃辣的习惯。不管吃米饭还是面条，他总是要放一点辣，认为这样才有"味道"。

可是你知道吗？辣椒四百多年前进入中国时，其实不是用来吃的，而是用来"看"的。那个时候，不管绿色的辣椒还是红色的辣椒，人们都觉得好看，于是把它们种在院子里，就像种花一样。又过了一百年，它才慢慢成为中国人的食物，并且越来越多的人接受了它的味道。

然而，是不是所有中国人都喜欢吃辣呢？当然不是。人们爱不爱吃辣是有原因的。比如，有些地方人们容易生病，主要是因为那里比较潮湿，天气经常又阴又冷，人们身体里有寒气和湿气。后来人们发现吃辣椒非常容易让人出汗，能赶走身体里的寒气和湿气，所以养成喜欢吃辣的习惯。还有一部分人认为吃辣能带来好心情，每次吃完辣的食物后，就会觉得很高兴，这可能是喜欢吃辣的另一个原因。也有很多人和我一样，不喜欢吃辣，一是不喜欢辣的味道，二是吃完后身体不舒服。

现在，辣的食物在很多地方都受欢迎。随着人口的流动，辣椒也与不同地方的饮食习惯相结合，形成新的饮食文化。

寒气
hánqì
chill, cold
湿气
shìqì
damp
In traditional Chinese medicine, "Six Evils" represents wind, cold（寒气）, heat, damp（湿气）, dryness and fire. They are able to invade the body surface and to proceed to the interior of the body, which could lead to the occurrence of illness.

生 词

1.辣	là	形(*adj.*)	spicy，hot
2.生活	shēnghuó	动/名(*v./n.*)	to live/life
3.平时	píngshí	名(*n.*)	in general，as usual
4.辣椒	làjiāo	名(*n.*)	hot pepper
5.养成	yǎngchéng	动(*v.*)	to form，to cultivate
6.认为	rènwéi	动(*v.*)	to think，to consider
7.可是	kěshì	连(*conj.*)	but，however
8.种	zhòng	动(*v.*)	to plant
9.像	xiàng	动(*v.*)	to be like
10.成为	chéngwéi	动(*v.*)	to become
11.食物	shíwù	名(*n.*)	food
12.并且	bìngqiě	连(*conj.*)	and
13.接受	jiēshòu	动(*v.*)	to accept
14.然而	rán'ér	连(*conj.*)	but，however
15.所有	suǒyǒu	形(*adj.*)	all
16.当然	dāngrán	副(*adv.*)	of course
17.原因	yuányīn	名(*n.*)	reason
18.容易	róngyì	形(*adj.*)	easy
19.主要	zhǔyào	形(*adj.*)	main
20.比较	bǐjiào	副(*adv.*)	fairly，comparatively
21.潮湿	cháoshī	形(*adj.*)	wet，moist
22.经常	jīngcháng	副/形(*adv./adj.*)	often/daily
23.部分	bùfen	名(*n.*)	part
24.舒服	shūfu	形(*adj.*)	comfortable
25.随着	suízhe	介(*prep.*)	along with，as
26.人口	rénkǒu	名(*n.*)	population
27.与	yǔ	介/连(*prep./conj.*)	with/and
28.结合	jiéhé	动(*v.*)	to combine，to integrate
29.形成	xíngchéng	动(*v.*)	to form，to take shape
30.文化	wénhuà	名(*n.*)	culture

语言点例句

1.不管 A 还是 B,都/也……

(1)不管阴天还是晴天,我都不想去上课。

(2)不管是辣的还是甜的,我都喜欢。

2.不是……而是……

(1)我没买这件衣服,不是因为贵,而是因为不好看。

(2)不是我不想帮你,而是我想让你自己先做。

3.像……一样

(1)这个小女孩真好看,她的脸像红苹果一样。

(2)这位老人走路很快,像年轻人一样。

4.一是……,二是……

(1)我不喜欢这件衣服,一是因为颜色不好看,二是因为它太贵了。

(2)我爱吃冰淇淋,一是因为夏天吃冰淇淋很舒服,二是因为它有很多种口味儿可以选择。

5.随着……

(1)随着天气变冷,人们越来越不愿意出门了。

(2)随着春天的到来,公园里的花都慢慢地开了。

课后练习

一、快速阅读课文,选择正确答案

1.根据第二段内容,奶奶喜欢吃什么?　_____

　　A.苹果　　　　　　B.辣　　　　　　C.米饭　　　　　　D.面条

2.根据第二段内容,关于"我"和朋友以下哪个选项正确?　_____

　　A."我"和朋友都爱吃辣　　　　　　B."我"和朋友都不爱吃辣

　　C."我"不吃辣,但是朋友非常爱吃辣　　D."我"能吃辣,但是朋友不吃辣

3.辣椒刚进入中国时,中国人觉得它怎么样?　_____

　　A.觉得它很好看　　B.觉得它很好吃　　C.觉得它很贵　　D.觉得它很便宜

4.人们发现吃辣椒可以有什么作用?　_____

　　A.让人出汗　　　　B.让自己生病　　　C.让自己难过　　D.长个子

5.根据第四段内容,有的人不喜欢吃辣是什么原因?　_____

　　A.吃辣很贵　　　　　　　　　　B.吃辣让身体不舒服

　　C.辣的食物很少　　　　　　　　D.辣的食物很多

二、请找出下列词中相同的字,查字典写出它们的意思

1.辣椒 辣味 吃辣 _____

2.食物 动物 购物 _____

3.接受 感受 享受 _____

三、选词填空

生活   平时   认为   可是   并且   比较   经常

1.我_____吃辣对身体很好,而且能让人觉得快乐。

2._____我五点回家,但是今天工作太多,回家有点晚。

3.我喜欢在中国_____,因为在这儿非常方便,东西也很便宜。

4.那家商店的衣服_____贵,我一般不去那儿买。

5.妈妈是一个很好的人,_____帮助别人。

6.大家今天都很累,_____觉得非常开心。

7.小月:你妈妈去过中国吗?

小李:我妈妈去过中国,_____在那里工作了一段时间。

四、根据课文填空

1.这篇文章说的是中国人是不是爱吃_____,有的人爱吃,是因为_____;有的人不爱吃,是因为_____。

2.我的朋友很能吃辣,他在吃米饭时_____辣,吃面条时_____辣。

3.我不吃辣,_____因为不喜欢吃辣,_____因为吃辣椒让我觉得身体不舒服。

4._____人口流动,人们吃辣的_____文化在不同的地方有了不同的变化,并且_____了新的饮食文化。

五、理解语言点,完成句子

1.不管 A 还是 B,都/也……

_____老人_____小孩,都喜欢吃冰淇淋。

2.不是……而是……

这本汉语书_____,_____我在图书馆借的。

3.像……一样

这件衣服洗干净后_____新的_____。

4.一是……,二是……

坐火车有两个优点,_____比较便宜,二是_____。

5.随着……

_____,人们开始准备年货了。

六、根据课文判断对错

1.我和朋友都不喜欢吃辣。   (   )

2.辣椒在最近几十年才来到中国。   (   )

3.辣椒刚到中国的时候,人们很喜欢吃它。   (   )

4.所有中国人都爱吃辣,因为他们觉得吃辣对身体很好。(　　)

七、根据课文选择正确答案

1.根据文中第二段内容,关于"我"的朋友,我们可以知道什么?　_____

我其实是一个不吃辣的人,但是我的一个朋友非常能吃辣,因为他小时候跟奶奶一起生活,奶奶喜欢吃辣,平时做菜都会放辣椒,所以他也就养成了吃辣的习惯。不管是吃米饭还是面条,他总是要放一点辣,认为这样才有"味道"。

　　A."我"的朋友很爱吃辣,但是他奶奶做饭很少放辣椒

　　B."我"的朋友和奶奶一起生活,他们常吃辣

　　C."我"的朋友习惯给奶奶做的食物,但是奶奶不喜欢吃辣

2.根据第四段中的这句话,作者想告诉我们什么?　_____

比如,有些地方人们容易生病,主要是因为那里比较潮湿,天气经常又阴又冷,人们身体里有寒气和湿气。后来人们发现吃辣椒非常容易让人出汗,能赶走身体里的寒气和湿气,所以养成喜欢吃辣的习惯。

　　A.为什么有些地方天气阴冷潮湿

　　B.为什么有些人养成喜欢吃辣椒的习惯

　　C.只要身体不舒服就可以吃辣椒

八、根据课文回答问题

1.中国人喜欢吃辣的原因有哪些?

2.中国人不喜欢吃辣的原因有哪些?

3.你能吃辣吗? 你吃过哪些辣的中国菜?

第四课　第一次吃火锅

　　今天有一节中国饮食文化课，老师介绍了火锅。下课后，我的中国朋友小金说："你来北京也两个月了，今天正好下雪，我们去学校门口的火锅店吃火锅吧！"我很开心地答应了，因为我还没吃过火锅呢。

　　在火锅店坐下后，服务员送来菜单和茶水。小金问我吃不吃辣，我说我不太能吃，于是小金点了一个鸳鸯锅。我问小金："什么是鸳鸯锅？"他说："就是一个锅里面有两种汤，一种是辣的，一种是不辣的，这样可以满足不同口味。"不一会儿，服务员端来一个圆圆的锅，放在桌子中间加热。我们点的食物也来了，有牛肉、豆腐、肉丸、蔬菜等等，都是生的。服务员笑着说："您的菜齐了，请慢用。"我问小金："服务员说的话是什么意思？"小金说："请你慢慢地吃，享受食物，就和英语的'enjoy'差不多。"

肉丸
ròu wán
meatball

　　我和小金都有两双筷子，一双长的，一双短的。小金告诉我，想吃什么，就先用长的筷子夹到锅里煮，菜熟了就夹到自己的碗里，再用短的筷子吃。但是不能煮太久，太熟就不好吃了。我小心地夹了一片牛肉放进沸腾的汤里，大概二十秒后，我把肉夹了出来，蘸着酱吃，真的非常香！

沸腾
fèiténg
boiling
蘸着酱
zhànzhe jiàng
dipped in sauce

　　虽然大家用同一个锅煮食物，但是可以自由地选择自己喜欢的汤和食物。我以前习惯每个人只吃自己盘里的菜，但是现在也慢慢接受这种吃法。既热闹又美味，难怪中国人这么喜欢吃火锅呢！

生 词

1.节	jié	量(*m.*)	section，length，session
2.火锅	huǒguō	名(*n.*)	hotpot
3.正好	zhènghǎo	副(*adv.*)	just in time，just right
4.开心	kāixīn	形(*adj.*)	happy，glad
5.答应	dāying	动(*v.*)	to agree，to promise
6.菜单	càidān	名(*n.*)	menu
7.汤	tāng	名(*n.*)	soup
8.满足	mǎnzú	动(*v.*)	to meet，to satisfy
9.不一会儿	bù yíhuìr		in a short time，soon
10.端	duān	动(*v.*)	to hold sth. level with both hands
11.中间	zhōngjiān	名(*n.*)	middle
12.豆腐	dòufu	名(*n.*)	tofu，bean curd
13.蔬菜	shūcài	名(*n.*)	vegetable
14.生	shēng	形(*adj.*)	unripe，raw，uncooked
15.享受	xiǎngshòu	动(*v.*)	to enjoy
16.差不多	chàbuduō	形/副(*adj./adv.*)	similar/almost
17.双	shuāng	量/形(*m./adj.*)	a pair/double
18.筷子	kuàizi	名(*n.*)	chopsticks
19.短	duǎn	形(*adj.*)	short
20.夹	jiā	动(*v.*)	to press from both sides
21.熟	shú	形(*adj.*)	cooked，done
22.久	jiǔ	形(*adj.*)	for a long time，lengthy
23.小心	xiǎoxīn	形/动(*adj./v.*)	careful/be careful
24.大概	dàgài	副/形(*adv./adj*)	approximately/approximate
25.自由	zìyóu	形/名(*adj./n.*)	free/freedom
26.选择	xuǎnzé	动(*v.*)	to choose
27.热闹	rènao	形(*adj.*)	lively，bustling with noise and excitement
28.难怪	nánguài	副(*adv.*)	(it's)no wonder

语言点例句

1. 不一会儿

(1)我妻子不一会儿就做好了晚饭。

(2)我今天太累了,躺在床上不一会儿就睡着了。

2. ……等(等)

(1)妈妈买了很多东西,有蔬菜、肉、水果、饮料等(等)。

(2)我去年生日收到很多礼物——手表、裙子、书等(等)。

3. ……就……

(1)这件衣服不错,就买这件吧。

(2)你喜欢喝咖啡,我们就去喝咖啡吧。

4. 连动句

(1)他每天都走路去上学。

(2)我昨天晚上去医院看病了。

5. 难怪……

(1)他是你弟弟? 难怪你们长得这么像。

(2)我今天才知道你爸爸是中国人,难怪你中文这么好呢。

课后练习

一、快速阅读课文,选择正确答案

1.根据第一段,小金和"我"今天要去哪里吃饭? _____

　　A.小金的家　　　　　　　　　　　　B."我"的家

　　C.学校门口的商店　　　　　　　　　D.学校门口的火锅店

2.根据上下文,第二段中的短语"请慢用"在以下哪个地方最常听到? _____

　　A.商店　　　　　B.公司　　　　　C.医院　　　　　D.饭馆

3.根据第二段,"鸳鸯锅"是什么意思? _____

　　A.有两种汤的火锅　　　　　　　　　B.两个锅

　　C.两个人一起吃的火锅　　　　　　　D.辣的火锅

4.每个人有几双筷子? _____

　　A.一双　　　　　B.两双　　　　　C.三双　　　　　D.四双

5.菜要煮多久比较好? _____

　　A.越快越好　　　　　　　　　　　　B.越久越好

　　C.煮多久都可以　　　　　　　　　　D.熟了就可以,但是不能煮太熟

6.你觉得作者喜欢火锅吗? _____

  A.不喜欢　　　　　B.喜欢　　　　　C.很不喜欢　　　　　D.无所谓

二、请找出下列词中相同的字,查字典写出它们的意思

1.火锅　火车　　火山　_____

2.菜单　中国菜　凉菜　_____

3.分享　享受　　享用　_____

三、选词填空

       正好　　熟　　久　　差不多　　热闹　　答应　　　短

1.这条裙子有点儿_____,请帮我拿一条长一点儿的。

2.小月:今天是星期天,我们去看电影吧。

    小金:好啊,我_____想看电影呢。

3.妈妈_____我,今年生日送我一个手表。

4.春节的时候,街道上特别_____,到处都是人。

5.我喜欢吃_____的鱼肉,不喜欢吃生的。

6.我女儿学习跳舞很_____了,她是从 2005 年开始学的。

7.这件衣服和我昨天穿的那件_____,都是黄色的。

四、根据课文填空

1.今天我的中国朋友邀请我去吃火锅,我很_____,因为我正好还没吃过火锅。

2.我们每个人都有两_____筷子,先用_____的筷子,后用____的筷子。

3.中国人很喜欢吃火锅,因为火锅不仅_____,也很_____。

4.小金喜欢吃辣,但我不太能吃辣,所以小金点了鸳鸯锅,这样就可以_____我们两个人不同的口味。

5.小金说,牛肉太熟了不好吃,所以_____二十秒后,我就把牛肉夹了出来。

6.吃火锅的时候,大家可以_____自己喜欢的汤和食物,所以很_____。

五、理解语言点,完成句子

1.不一会儿

今天的作业很少,_____。

2.……等(等)

我去过很多个国家,_____。

3.……就……

今天下雨了,_____。

4.连动句

①爸爸坐公共汽车。②爸爸去上班。(请把两个句子变成一个句子)

_____

5.难怪……

小张:听说小明今天生病了。

小李:_____。

六、根据课文判断对错

1.我以前经常和中国朋友一起吃火锅。 （　　）

2.鸳鸯锅是有两种汤的火锅。 （　　）

3.我很能吃辣，所以小金点了一个鸳鸯锅。 （　　）

4.服务员端给我们的食物，一半是生的，一半是熟的。 （　　）

七、根据课文选择正确答案

1.根据第二段的这段话，小金为什么点鸳鸯锅？ ＿＿＿＿＿＿

小金问我吃不吃辣，我说我不太能吃，于是小金点了一个鸳鸯锅。我问小金："什么是鸳鸯锅？"他说："就是一个锅里面有两种汤，一种是辣的，一种是不辣的，这样可以满足不同口味。"

　　A.小金喜欢吃鸳鸯锅

　　B.小金不吃辣，我很喜欢吃辣

　　C.小金吃辣，我不太能吃辣

2.根据第三段的这句话，下面哪种说法不正确？ ＿＿＿＿＿＿

小金告诉我，想吃什么，就先用长的筷子夹到锅里煮，菜熟了就夹到自己的碗里，再用短的筷子吃。

　　A.菜熟了就用短的筷子把菜夹到自己的碗里

　　B.先用长的筷子，再用短的筷子

　　C.用长的筷子夹菜，用短的筷子吃菜

3.通过最后一段我们可以知道什么？ ＿＿＿＿＿＿

虽然大家用同一个锅煮食物，但是可以自由地选择自己喜欢的汤和食物。我以前习惯每个人只吃自己盘里的菜，但是现在也慢慢接受这种吃法。既热闹又美味，难怪中国人这么喜欢吃火锅呢！

　　A.吃火锅的时候，每个人都有一个锅

　　B.火锅可以满足不同人的口味，很热闹，也很自由

　　C.吃火锅的时候，大家不可以选择自己喜欢的食物和汤

八、根据课文回答问题

1.文中谈到了两双筷子，怎么用？你觉得只用一双筷子可以吗？

2.请你简单说说吃火锅的过程以及要注意的地方。

3.你们国家的饮食习惯和中国的饮食习惯有什么不同？

乐活中国

第五课　一起来跳舞吧

广场舞，指人们聚集在广场上一起跳舞。参加这个活动的人很多是中老年人，尤其是中老年女性，她们有一个名字叫"大妈"。在这些中老年人年轻的时候，中国经济不太好，她们每天为了生活努力工作，没有太多的娱乐时间。现在，生活条件变好了，文化娱乐活动也越来越丰富，广场舞就成为最受欢迎的活动。因为广场舞的音乐节奏欢快，动作也比较简单，即使不会跳舞也没关系，只要有音乐，只要想跳，就可以跳，非常自由。跳舞让他们好像回到年轻的时候。专家认为，中老年人经常参加广场舞这样的活动，可以预防疾病，会让身体越来越好。

聚集
jùjí
gather

现在，广场舞已经不只是中老年人的运动，很多年轻人也走上广场一起跳舞，锻炼身体，释放压力。广场舞的种类也越来越丰富，有拉丁舞、中国民族舞、现代舞、街舞等。广场舞甚至成为中国第十三届运动会上正式的比赛项目，一共有一百多支队伍参加这次广场舞比赛。在中国，每个城市的公园里，都少不了广场舞。根据统计，经常参加广场舞的人已经超过一亿。广场舞也成为中国现在最火的运动。

释放
shìfàng
release
拉丁舞
lādingwǔ
Latin dance
中国民族舞
Zhōngguó Mínzú Wǔ
Chinese folk dance
街舞
jiēwǔ
street dance

现在，人们的生活节奏越来越快，人与人之间的交流越来越少，跳广场舞不仅可以锻炼身体，还有机会认识新的朋友。如果工作太忙，没有时间交朋友，也没有时间去健身房运动，那么吃完饭后，就来广场散散步，顺便和大家一起跳舞吧！

健身房
jiànshēnfáng
gymnasium

生 词

1.广场	guǎngchǎng	名(*n.*)	(public) square
2.指	zhǐ	动(*v.*)	to refer to
3.参加	cānjiā	动(*v.*)	to participate
4.活动	huódòng	名(*n.*)	activity，event
5.经济	jīngjì	名(*n.*)	economy
6.娱乐	yúlè	名/动(*n./v.*)	entertainment/to amuse, to entertain
7.条件	tiáojiàn	名(*n.*)	condition
8.丰富	fēngfù	形/动(*adj./v.*)	rich(in)，abundant(in)/to enrich
9.节奏	jiézòu	名(*n.*)	rhythm (in music)
10.简单	jiǎndān	形(*adj.*)	simple，uncomplicated
11.好像	hǎoxiàng	副(*adv.*)	as if
12.专家	zhuānjiā	名(*n.*)	expert
13.预防	yùfáng	动(*v.*)	to guard against，to prevent
14.压力	yālì	名(*n.*)	pressure，stress
15.现代	xiàndài	形(*adj.*)	modern，contemporary
16.届	jiè	量(*m.*)	session，year，class (for meetings, graduating classes，etc.)
17.正式	zhèngshì	形(*adj.*)	formal
18.项目	xiàngmù	名(*n.*)	item，project
19.一共	yígòng	副(*adv.*)	in total
20.支	zhī	量(*m.*)	branch，division (measure word for troops，fleets，teams，etc.)
21.超过	chāoguò	动(*v.*)	to exceed，to surpass
22.亿	yì	数(*num.*)	hundred million
23.火	huǒ	形(*adj.*)	hot，popular
24.交流	jiāoliú	动(*v.*)	to communicate
25.机会	jīhuì	名(*n.*)	opportunity
26.交	jiāo	动(*v.*)	to make (friends)
27.散步	sànbù	动(*v.*)	to take a walk
28.顺便	shùnbiàn	副(*adv.*)	in passing，by the way

语言点例句

1.尤其……

(1)我不爱吃水果,尤其是苹果。

(2)他特别喜欢唱歌,尤其是在洗澡的时候。

2.即使……也……

(1)即使天气不好,去长城的人也不会少。

(2)他太喜欢工作了,即使生病了,也会去上班的。

3.只要……就……

(1)只要你努力学习,就可以考上好的学校。

(2)妈妈说,只要我写完作业,就带我去看电影。

4.甚至

(1)这个问题太简单了,甚至连小学生都会。

(2)我男朋友很喜欢游泳,甚至连冬天也去游。

课后练习

一、快速阅读课文,选择正确答案

1.根据第一段,参加广场舞活动的主要是什么人? _____

　　A.小孩子　　　　　B.年轻人　　　　　C.中老年女性　　　　D.中老年男性

2.参加广场舞的中老年女性,人们叫她们什么? _____

　　A.大姐　　　　　　B.大爷　　　　　　C.大叔　　　　　　　D.大妈

3.根据第一段,专家认为,中老年人经常参加广场舞,可能会怎么样? _____

　　A.认识新朋友　　　B.越来越年轻　　　C.参加比赛　　　　　D.让身体越来越好

4."广场舞的种类也越来越丰富",根据这句话的前后文,我们可以知道什么? _____

　　A.参加广场舞的人越来越多　　　　　　B.广场舞的种类越来越多

　　C.广场舞越来越难　　　　　　　　　　D.可以跳广场舞的地方越来越多

5.根据第二段,参加中国第十三届运动会广场舞比赛的队伍有多少支? _____

　　A.五十多　　　　　B.一百多　　　　　C.一百五十多　　　　D.两百多

6.根据上下文,第二段的词语"火"的意思是什么? _____

　　A.受欢迎的　　　　B.热的　　　　　　C.漂亮的　　　　　　D.快乐的

7.根据第三段,因为现在人与人之间的交流变少了,所以很多人去跳广场舞是为了什么? _____

    A.锻炼身体   B.交朋友   C.回到年轻时候   D.把生活条件变好

二、请找出下列词中相同的字,查字典写出它们的意思

1.超过　超市　超人　 _____

2.作家　专家　科学家　_____

3.现代　现在　现场　 _____

三、选词填空

    好像   参加   简单   顺便   散步   交   一共

1.爷爷每天晚上都会和狗狗去公园_____。

2.这次的考试很_____,我很快就做完了。

3.明天_____会下雨,出门记得带伞。

4.妈妈买了一条裙子和一双皮鞋,_____三百元。

5.她很可爱,很多人想和她_____朋友。

6.今天下午三点有一个重要的会议,请大家一定要_____。

7.小月:你要出门吗?

    小李:我要去商店买点儿水果。

    小月:那_____买点儿菜吧,家里没菜了。

四、根据课文填空

1.在中国,很多中老年人会聚集在_____上跳舞,这种舞蹈就是广场舞。

2.因为中国以前_____不太好,很多人为了生活努力工作,所以没有太多的_____时间。

3.广场舞非常受欢迎,因为广场舞有欢快的_____和_____的动作。

4.现在广场舞的种类很多,比如拉丁舞、街舞、中国民族舞、_____舞等等。

5.如果你想_____新朋友,广场舞就是一个很好的_____。

6.现在,人们的生活_____越来越快,人与人之间的_____越来越少。

五、根据课文判断对错

1.广场舞,指老年人聚集在广场上跳舞。   (　　　)

2.广场舞音乐节奏欢快,动作简单。   (　　　)

3.只有学过跳舞的人才可以跳广场舞。   (　　　)

4.专家认为,广场舞跳得越多,身体越好。   (　　　)

5.广场舞已经成为一种正式的比赛项目。   (　　　)

六、理解语言点,完成句子

1.尤其……

我不喜欢吃肉,_____。

2.即使……也……

这个中国菜做法非常简单，_____。

3.只要……就……

吃火锅的时候煮菜不能煮太久，_____。

4.甚至

我爸爸非常喜欢吃辣椒，_____。

七、根据课文选择正确答案

1.根据课文第一段的这段话,为什么跳广场舞的很多是中老年人?(多选题)_____

在这些中老年人年轻的时候,中国经济不太好,他们每天为了生活努力工作,没有太多的娱乐时间。现在,生活条件变好了,文化娱乐活动也越来越丰富,广场舞就成为最受欢迎的活动。因为广场舞的音乐节奏欢快,动作也比较简单,即使不会跳舞也没关系,只要有音乐,只要想跳,就可以跳,非常自由。跳舞让他们好像回到年轻的时候。

　　A.广场舞音乐节奏欢快,动作简单,即使是中老年人也能跳

　　B.她们年轻的时候不喜欢跳舞,现在喜欢了

　　C.她们年轻的时候要努力工作,没有太多娱乐时间

2.根据课文第二段,以下哪个不是广场舞的特点? _____

　　A.种类越来越丰富

　　B.是中国现在最火的运动

　　C.只有中老年人会参加

3.根据课文,跳广场舞有什么优点?(多选题)_____

　　A.认识新朋友

　　B.释放压力

　　C.预防疾病

八、根据课文回答问题

1.为什么跳广场舞的大多是中老年人?

2.除了文中提到的优点,你认为广场舞还有什么优点? 可能有什么缺点?

3.你的国家现在最火的运动是什么?

第六课　多喝热水

一年夏天，大卫去了中国，天气非常热，他只想马上喝一大杯冰水。他来到一家咖啡馆，点了一杯咖啡和一杯冰水。服务员说没有冰水，免费给了他一杯温水。他非常不理解，夏天热得要命，咖啡馆怎么会没有冰水？他还看到有些中国人随身带着保温杯，这让他感到很奇怪。

其实中国人从一千多年前就开始喝热水，但在那个年代，并不是所有人都能喝到热水，只有有钱人才有机会喝到。另外，受茶文化影响，泡茶慢慢流行起来，后来烧水也越来越容易，于是喝茶和喝热水就渐渐成为中国人的习惯。

中医认为，有的人，体"寒"；有的人，体"热"。而大多数中国人的身体比较"寒"，体内的"寒气"太多会让人容易生病。他们觉得喝热水能够赶走体内的"寒"，让身体保持健康。有些中国人在吃饭时喝热水，认为这样能帮助消化。

今天，"多喝热水"几乎成为中国老百姓的日常对话。——"我肚子疼。""多喝热水。""我感冒了。""多喝热水。""好渴啊。""多喝热水。"

当然，生病或者不舒服的时候，多喝热水并不能代替吃药，但喝热水确实能帮人们减轻痛苦。比如，一位中国姑娘在她的"特殊时期"肚子疼，这时候如果她的男朋友能及时端上热水，并且为她准备好热水袋，有时就会在一定程度上减轻她身体的疼痛，并让她心里感到温暖。

大卫
Dàwèi
David，a person's name

泡茶
pào chá
infuse tea

赶走
gǎnzǒu
drive away

生 词

1.免费	miǎnfèi	动（v.）	to be free of charge
2.理解	lǐjiě	动（v.）	to understand
3.随身	suíshēn	形（adj.）	carry around
4.保温杯	bǎowēnbēi	名（n.）	thermal cup
5.奇怪	qíguài	形（adj.）	strange
6.年代	niándài	名（n.）	era
7.另外	lìngwài	连（conj.）	besides，in addition
8.影响	yǐngxiǎng	动/名（v./n.）	to influence/effect，impact
9.流行	liúxíng	动（v.）	to become popular
10.渐渐	jiànjiàn	副（adv.）	gradually，little by little
11.内	nèi	名（n.）	in，within
12.保持	bǎochí	动（v.）	to keep，to maintain
13.消化	xiāohuà	动（v.）	to digest
14.老百姓	lǎobǎixìng	名（n.）	civilians，ordinary people
15.日常	rìcháng	形（adj.）	daily，day-to-day
16.对话	duìhuà	动（v.）	to have a dialogue
17.肚子	dùzi	名（n.）	belly
18.代替	dàitì	动（v.）	to replace，to take the place of
19.确实	quèshí	副（adv.）	truly，really，indeed
20.减轻	jiǎnqīng	动（v.）	to ease，to abate
21.痛苦	tòngkǔ	形（adj.）	painful，suffering
22.比如	bǐrú	动（v.）	for example
23.姑娘	gūniang	名（n.）	girl，daughter
24.特殊	tèshū	形（adj.）	particular，special
25.时期	shíqī	名（n.）	period，stage
26.及时	jíshí	副/形（adv./adj.）	in time/timely
27.一定	yídìng	形/副（adj./adv.）	certain/certainly
28.程度	chéngdù	名（n.）	degree，extent
29.疼痛	téngtòng	形（adj.）	painful/pain
30.温暖	wēnnuǎn	形/动（adj./v.）	warm/to make ……warm

语言点例句

1.形/动＋得＋要命/要死

(1)北京的夏天热得要命,最热的时候气温超过 40℃。

(2)这碗面条辣得要命,我不想吃了。

2.另外

(1)明天上午有汉语课,另外还有英语考试。

(2)昨天的电影很好看,另外电影票也非常便宜。

3.并不(没)……

(1)他在这家公司工作五年了,可是他并不喜欢这个工作。

(2)他说过他要参加这个会,但是那天他并没参加。

4.……,而……

(1)我喜欢打篮球,而他喜欢踢足球。

(2)朋友叫我一起吃火锅,而我正好也很久没有吃中国菜了,所以很高兴地答应了。

5.在一定程度上……

(1)在一定程度上我同意你的想法。

(2)有的人认为喝热水在一定程度上能帮助消化。

课后练习

一、快速阅读课文,选择正确答案

1.根据上下文,第一段中天很热的时候大卫马上想做什么? _____

　　A.喝热水　　　　　B.喝咖啡　　　　　C.喝冰水　　　　　D.去中国

2.根据第二段内容,中国人从_____开始喝热水。

　　A.前几年　　　　　B.早上　　　　　C.一百多年前　　　　　D.一千多年前

3.“体寒”/“体热”是_____的说法。

　　A.中医　　　　　B.西医　　　　　C.日本　　　　　D.英国

4.在第三段中,中国人认为_____太多就容易生病。

　　A.喝热水　　　　　B.体内的“寒气”　　　　　C.喝　　　　　D.体内的“热气”

5.根据最后一段内容,词语“减轻”有什么意思? _____

　　A.变多　　　　　B.变少　　　　　C.一样　　　　　D.轻轻

二、请找出下列词中相同的字,查字典写出它们的意思

1.温水　温暖　保温杯　_____

2.特点 特别 特殊 ＿＿＿＿＿＿＿＿＿＿＿＿＿＿＿＿

3.帮助 帮忙 帮手 ＿＿＿＿＿＿＿＿＿＿＿＿＿＿＿＿

三、选词填空

随身 影响 渐渐 确实 及时 一定 比如

1.受到中国文化的＿＿＿＿＿＿，我每天早上都喝一杯热茶。

2.冬天来了,天气＿＿＿＿＿变冷了。

3.我很喜欢喝茶,＿＿＿＿＿＿,绿茶、红茶还有黑茶。

4.虽然吃太多糖不好,但这＿＿＿＿＿＿让我变得很快乐。

5.喝咖啡可以在＿＿＿＿＿程度上减轻头痛。

6.我们在学习中有了问题一定要＿＿＿＿＿＿问老师。

7.小张:你喜欢学习汉语吗?

小金:我非常喜欢学习汉语,而且＿＿＿＿＿＿带着一本汉语书。

四、根据课文填空

1.夏天天气＿＿＿＿＿＿,大卫去咖啡馆想喝一杯＿＿＿＿＿＿,但是他只拿到一杯＿＿＿＿＿＿的温水。

2.大卫看到中国人走到哪里都带着＿＿＿＿＿＿,他觉得很＿＿＿＿＿＿。

3.中国人在很久以前就开始＿＿＿＿＿＿,但是只有＿＿＿＿＿＿的人才能喝到热水,后来喝茶开始＿＿＿＿＿＿起来,渐渐地人们养成了喝茶和喝热水的＿＿＿＿＿＿。

4.感冒的时候,喝热水＿＿＿＿＿＿代替吃药,但是这个时候喝热水可以让自己少一点＿＿＿＿＿＿。

五、理解语言点,完成句子

1.形/动＋得＋要命/要死

我的牙＿＿＿＿＿＿＿＿＿＿＿＿＿＿＿,必须马上去看牙医。

2.另外

她这周末要加班,另外＿＿＿＿＿＿＿＿＿＿＿＿＿＿,所以特别忙。

3.并不(没)……

虽然我们一起工作很久了,但是我＿＿＿＿＿＿＿＿＿＿＿＿他。

4.……,而……

我和丈夫都很喜欢小孩子,我喜欢男孩儿,＿＿＿＿＿＿＿＿＿＿＿＿＿＿＿。

5.在一定程度上……

吃巧克力＿＿＿＿＿＿＿＿＿＿＿＿可以＿＿＿＿＿＿＿＿＿＿＿＿＿。

六、根据课文判断对错

1.有一年夏天天很热,大卫在中国的咖啡馆喝到免费的冰水。 （   ）

2.中国人随身带着保温杯,因为里面装着冰水。 （   ）

3.一千多年前,不是每一个中国人都可以喝到热水。 （   ）

4.虽然感冒的时候喝热水不能代替吃药,但是可以减轻痛苦。 （   ）

七、根据课文选择正确答案

1.根据文中第二段内容,关于"喝茶和喝热水",下面哪个句子正确? ＿＿＿＿＿＿

其实中国人从一千多年前就开始喝热水，但在那个年代，并不是所有人都能喝到热水，只有有钱人才有机会喝到。另外，受茶文化影响，泡茶慢慢流行起来，后来烧水也越来越容易，于是喝茶和喝热水就渐渐成为中国人的习惯。

  A.一千多年前，每个中国人都可以喝到热水

  B.最近中国人才有喝热水的习惯

  C.喝茶和茶文化的流行有关系

2.根据文中最后一段，下面哪个句子正确？ _____

当然，生病或者不舒服的时候，多喝热水并不能代替吃药，但喝热水确实能帮人们减轻痛苦。比如，一位中国姑娘在她的"特殊时期"肚子疼，这时候如果她的男朋友能及时端上热水，并且为她准备好热水袋，有时就会在一定程度上减轻她身体的疼痛，并让她心里感到温暖。

  A.生病了只需要喝热水，不需要吃药

  B.喝热水可以帮助中国人减轻痛苦

  C.女孩子在"特殊时期"喝热水，是因为这能让她感到快乐

八、根据课文回答问题

1.为什么中国人喜欢喝热水？

2.中国人在什么时候喝热水？

3.在你的国家，人们喜欢喝热水吗？有没有跟中国相似的"喝热水"文化？

第七课 宠物狗"右右"

　　长沙市有一只叫右右的狗，是小区里的"明星狗"。右右今年两岁，非常聪明懂事。它每天都跟主人李奶奶上街买菜，嘴里叼着李奶奶的购物袋，紧紧地跟在她后边。商店里的老板都认识右右，看见它就远远地跟它打招呼。右右跑过来，老板就会说："右右，跟我握手吧！"

　　右右不仅聪明、听话，它还时时让人感觉到爱。有时候，李奶奶带着右右一起陪小区里的老人，因为有的老人独自一人住在这里，很孤独。李奶奶和朋友们在一起的时候，右右就趴在他们脚边，听他们讲故事。他们的故事有的是伤心的，有的是快乐的，右右有时用头蹭老人们的脚，好像能听懂似的。

　　老人们也非常爱右右，出门买菜，总会给它带回来几根骨头、火腿肠。一位老人说："一看到右右对我摇尾巴，我心里就很高兴。"

　　现在养宠物的中国人越来越多。其实，中国人以前也养宠物，不过那时更注重它们的实用性：养猫是为了捉老鼠，养狗是为了打猎。

　　现在，对中国人来说，养宠物是为了"陪伴"。狗狗忠诚活泼，猫咪安静可爱。因此，越来越多的中国人把宠物当成自己的家庭成员。

　　跟宠物在一起，人们总是很放松。像右右一样可爱听话的宠物，不仅能减轻人的压力，还可以陪伴老人和孩子。中国人称它们为"宠物"，"宠"字的意思是"疼爱"，"宠物"这个词代表了中国人对这些动物的喜欢。

长沙市
Chángshā Shì
Changsha, the capital of Hunan Province

小区
xiǎoqū
a housing estate or an apartment complex

蹭
cèng
rub

火腿肠
huǒtuǐcháng
ham sausage

打猎
dǎliè
go hunting

生　词

1.主人	zhǔrén	名(n.)	master，owner
2.叼	diāo	动(v.)	to hold in the mouth，to take it
3.购物	gòu wù		to shop，to buy things
4.紧	jǐn	形(adj.)	close，tight
5.打招呼	dǎ zhāohu		to greet，to say hello
6.握手	wòshǒu	动(v.)	to shake/ clasp hands（with sb.）
7.时时	shíshí	副(adv.)	always，constantly
8.陪	péi	动(v.)	to accompany
9.独自	dúzì	副(adv.)	by oneself，alone
10.孤独	gūdú	形(adj.)	lonely，solitary
11.趴	pā	动(v.)	to lean over，to bend over
12.伤心	shāngxīn	形(adj.)	sad，grieved
13.骨头	gǔtou	名(n.)	bone
14.摇	yáo	动(v.)	to wave，to shake
15.尾巴	wěiba	名(n.)	tail
16.宠物	chǒngwù	名(n.)	pet
17.注重	zhùzhòng	动(v.)	to emphasize，to pay attention to
18.实用	shíyòng	形(adj.)	practical，functional
19.捉	zhuō	动(v.)	to catch，to seize
20.老鼠	lǎoshǔ	名(n.)	mouse，rat
21.陪伴	péibàn	动(v.)	to accompany
22.忠诚	zhōngchéng	形(adj.)	loyal，faithful
23.活泼	huópō	形(adj.)	lively
24.可爱	kě'ài	形(adj.)	cute，lovable，likeable
25.因此	yīncǐ	连(conj.)	therefore，hence，so
26.家庭	jiātíng	名(n.)	family
27.成员	chéngyuán	名(n.)	member
28.称	chēng	动(v.)	to call，to give sb. a particular name
29.疼爱	téng'ài	动(v.)	to love dearly，be very fond of
30.代表	dàibiǎo	动/名(v./n.)	to represent/representative

语言点例句

1.有的……有的……

(1)下课了,教室里有的同学在聊天,有的同学在写作业。

(2)我看了很多英语电影,有的我很喜欢,有的我不喜欢。

2.(好)像……似的

(1)她俩好像从来没见过似的。

(2)这里的景色像画儿似的。

3.一……就……

(1)妹妹一下飞机,就给妈妈打电话。

(2)超市一开门,我就去买东西。

4.对……来说

(1)对年轻人来说,打篮球是很好的运动。

(2)对父母来说,孩子的健康是最重要的。

5.因此

(1)这家奶茶店口味种类很多,因此受到大家的欢迎。

(2)狗能很好地陪伴老人,因此,很多老人都喜欢养狗。

6.称……为……

(1)把牛奶加入茶中,人们称这种饮料为"奶茶"。

(2)在中国,很多人喜欢去公园一起跳舞,人们称这种舞为"广场舞"。

课后练习

一、快速阅读课文,选择正确答案

1.第一段中"明星狗"是什么意思? _____

　　A.喜欢星星的狗　　B.很受欢迎的狗　　C.像星星的狗　　D.狗是一个演员

2.根据第二段,李奶奶为什么会和右右陪小区里的老人? _____

　　A.李奶奶很孤独　　　　　　　　B.右右很聪明

　　C.有的老人很孤独　　　　　　　D.右右可以感觉到爱

3.根据第三段,老人们常常为右右做什么? _____

　　A.给右右买菜　　B.带右右出去玩儿　　C.给右右买吃的　　D.让右右摇尾巴

4.现在中国人为什么养宠物? _____

　　A.为了实用性　　B.为了捉老鼠　　C.宠物也是家人　　D.因为很安静

5.根据最后一段,人们跟宠物在一起时的感觉怎么样? _____

    A.累   B.生气   C.平静   D.放松

6.根据课文,作者对宠物的态度是什么? _____

    A.不喜欢   B.喜欢   C.都可以   D.不知道

二、选词填空

    打招呼   握手   孤独   伤心   购物   陪   活泼   代表

1.跟女朋友分手了,他挺_____的。

2.女孩子一般都喜欢去商场_____。

3.他_____我们去参加这个会了。

4.比赛结束了,我跟对方队员_____和拥抱。

5.你一个人在国外,会觉得_____吗?

6.我养了一只_____的小狗。

7.父母现在工作很忙,很难一直_____在孩子身边。

8.小金:在中国,一般怎么跟老师_____?

    小月:我们说"老师好"。

三、根据课文填空

1.右右每天叼着_____跟李奶奶上街买菜,老板经常跟它_____,而且还会跟它_____。

2.小区里有的老人很_____,有时候李奶奶会带着右右_____他们。

3.有的老人_____,他心里就非常高兴。

4.现在,_____中国人_____,养宠物可以陪伴自己和家人。_____,越来越多的中国人把宠物当成家庭成员。

5.中国人_____这些小动物为"宠物",这个词_____了中国人对他们的喜爱。

四、理解语言点,完成句子

1.有的……有的……

天上的云真漂亮,_____,_____。

2.(好)像……似的

他高兴地跳起来,_____。

3.一……就……

我特别不喜欢上英语课,_____。

4.对……来说

对老人来说,_____。

5.因此

这家奶茶店不断做出新的口味,_____。

6.称……为……

①有的年轻人结婚后选择不要孩子。②人们给这些年轻人一个名字——丁克族。（请把两个句子变成一个句子）

_____。

五、排列顺序

1. A.而他的小说非常有趣
   B.年轻人都喜欢看有意思的小说
   C.因此很受大家的欢迎

   _____

2. A.因此人们称这个城市为"春城"
   B.昆明的天气非常好
   C.一年四季都像春天一样

   _____

六、根据课文选择正确答案

1.在文中第二段，作者最想说明什么？ _____
   A.右右很听话
   B.右右让人感觉到爱
   C.右右可以听懂老人的故事

2.根据第四段下面这句话，以前中国人为什么养宠物？ _____

中国人以前也养宠物，不过那时更注重它们的实用性：养猫是为了捉老鼠，养狗是为了打猎。
   A.为了实用性
   B.为了捉老鼠
   C.为了打猎

3.根据最后一段，人们为什么喜欢宠物？（多选题）_____
   A.可以减轻压力
   B.可以陪伴家人
   C.可以让人们不生病

七、根据课文回答问题

1.右右每天都做什么？
2.为什么说右右"时时让人感觉到爱"？
3.中国人以前为什么养宠物？现在呢？
4.养宠物有什么好处？

第八课　今年你"剁手"了吗

　　每年的 11 月 11 日，又称"双 11"，对中国人，尤其对中国的年轻人来说，是一个重要而疯狂的节日——购物狂欢节。

　　2009 年 11 月 11 日，中国电子商务平台淘宝举办了第一次网络促销活动，效果非常好。于是，11 月 11 日就成为网络大促销的日子，很多电子商务平台也都在这一天进行促销。在这一天，人们可以以比平时低的价格买到商品。通常，在节日开始前，很多人就把想买的商品提前放进"购物车"，然后在 11 月 11 日 0 点付钱，这样就可以省很多钱。2019 年 11 月 11 日，阿里巴巴在短短的 1 小时 3 分 59 秒内就有 1 000 亿元人民币的成交额。

　　现在，网购已经成为中国人生活的重要一部分，你不用出门就可以买到任何需要的东西，甚至可以买到国外的商品，这使人们的生活变得更加方便。在网上，你不仅可以买到商品，而且还可以买到服务。比如，请人到你家里打扫卫生。另外，人们可以通过微信、支付宝、网上银行卡等很多方式来付款。快递也很快，你能在很短的时间内，甚至当天就拿到商品。

　　一般在"双 11"的时候，人们会在网上买很多东西，"剁手"也就成了每年 11 月网络上最火的词语，意思是"因为没办法控制自己的购物欲望，所以想把自己的手剁了"，这是一种既夸张又幽默的说法，也成为 2015 年的"十大流行语"。当然，人们也会得到提醒：只买自己需要的，不要造成浪费。

电子商务
diànzǐ shāngwù
electronic commerce（E-commerce）
淘宝
Táobǎo
an online shopping retail platform in China
阿里巴巴
Ālǐbābā
Alibaba Group Holding Limited，a Chinese multi-national technology company specializing in e-commerce，retail，Internet，and technology
人民币
Rénmínbì
Renminbi（RMB），Chinese yuan
成交额
chéngjiāo é
turnover
微信
Wēixìn
WeChat，a messaging and calling app
支付宝
Zhīfùbǎo
Alipay，a third-party mobile and online payment platform
剁
duò
chop

生 词

1.疯狂	fēngkuáng	形(adj.)	crazy
2.平台	píngtái	名(n.)	platform
3.举办	jǔbàn	动(v.)	to hold，to conduct
4.网络	wǎngluò	名(n.)	network，web
5.效果	xiàoguǒ	名(n.)	effect
6.日子	rìzi	名(n.)	days，date
7.进行	jìnxíng	动(v.)	to conduct，to carry out
8.价格	jiàgé	名(n.)	price
9.商品	shāngpǐn	名(n.)	goods，commodity
10.通常	tōngcháng	副/形(adv./adj.)	usually，generally/usual
11.提前	tíqián	动(v.)	to move up，to bring forward
12.然后	ránhòu	连(conj.)	then，after that
13.省	shěng	动(v.)	to save，to economize
14.任何	rènhé	代(pron.)	any，whichever
15.方便	fāngbiàn	形(adj.)	convenient
16.打扫	dǎsǎo	动(v.)	to clean，to sweep
17.通过	tōngguò	介(prep.)	through，by means of
18.方式	fāngshì	名(n.)	way，method
19.付款	fù kuǎn		to pay（a sum of money）
20.词语	cíyǔ	名(n.)	word，expression
21.控制	kòngzhì	动(v.)	to control
22.欲望	yùwàng	名(n.)	desire，lust
23.夸张	kuāzhāng	形(adj.)	exaggerated
24.幽默	yōumò	形(adj.)	humorous
25.提醒	tíxǐng	动(v.)	to remind
26.造成	zàochéng	动(v.)	to cause，to bring about
27.浪费	làngfèi	动(v.)	to waste

语言点例句

1.“而”字联合词组

(1)这是一场紧张而疯狂的比赛。

(2)这是一张漂亮而实用的桌子。

2.省(时间/钱/……)

(1)坐飞机比坐火车省时间。

(2)为了省钱买电脑,我很长时间没买新衣服了。

3.任何

(1)你任何时候给我打电话都可以。

(2)任何水果我都喜欢吃。

4.主＋动(使)＋兼语……

(1)互联网使人们更好地了解世界。

(2)他讲的幽默故事使我很开心。

5.通过

(1)通过这次考试,我知道了我的汉语水平。

(2)你可以通过这本书学习做中国菜。

课后练习

一、快速阅读课文,选择正确答案

1.根据上下文,第一段中的词语“双”是什么意思? _____

　　A.一个　　　　　　B.两个　　　　　　C.三个　　　　　　D.四个

2.根据上下文,“双11”是指哪一天? _____

　　A.1 月 1 日　　　B.1 月 11 日　　　C.11 月 1 日　　　D.11 月 11 日

3.“在这一天,人们可以以比平时低的价格买到商品”,根据这句话的前后文,我们可以知道什么? _____

　　A.“双 11”以前的东西比较便宜　　　　B.“双 11”那天的东西比较便宜

　　C.“双 11”以后的东西比较便宜　　　　D.“双 11”那天的东西不便宜

4.根据第二段,人们一般在什么时候把想买的东西放进“购物车”? _____

　　A.“双 11”以前　　　　　　　　　　　B.“双 11”当天

　　C.“双 11”以后　　　　　　　　　　　D.“双 11”0 点

5.根据第三段,关于网购"使人们的生活变得更加方便",以下哪个说法不正确?　_____

    A.不用出门就可以买到需要的东西　　　　B.可以买到国外的东西

    C.可以买到服务　　　　　　　　　　　　D.需要很多张网上银行卡

6.对于"双11",作者可能觉得哪种做法比较好?　_____

    A.买得越多越好　　　　　　　　　　　　B.什么都不要买

    C.只买自己需要的　　　　　　　　　　　D.只买最便宜的

二、请找出下列词中相同的字,查字典写出它们的意思

1.效果　成果　后果　_____

2.商店　商品　商人　_____

3.廉价　价值　价格　_____

三、选词填空

        浪费　　举办　　通常　　提前　　方便　　省　　幽默

1.坐飞机的时候,要_____两小时到机场。

2.他是一个非常_____的人,经常开玩笑。

3._____北京的十月都非常热,但是今年的十月却不冷也不热。

4.公司为新来的人_____了一个欢迎会。

5.小时候妈妈总是说,不要_____食物。

6.为了_____时间,我今天开车去上班,没有走路去。

7.如果没有电,人们的生活会非常不_____。

四、根据课文填空

1.淘宝是一个中国电子商务_____,在2009年举办了第一次_____促销活动。

2.第一次"双11"的_____非常好,所以这一天就成为网络大促销的_____。

3."双11"这一天商品的_____比平时便宜。

4.你可以在网上买到_____需要的东西,甚至买到服务。比如,请人到你家里帮你_____卫生。

5.网购_____的_____很多,比如支付宝、微信、网上银行卡。

6.人们总是会得到_____:只买自己需要的,不要_____浪费。

五、根据课文判断对错

1."双11"活动从2009年开始。　　　　　　　　(　　　)

2.2019年的"双11"成交额是1 000亿人民币。　(　　　)

3.网购对中国人的生活非常重要。　　　　　　　(　　　)

4.快递非常快,甚至第二天就能拿到商品。　　　(　　　)

5."剁手"这个词语在2015年非常受欢迎。　　　(　　　)

6."双11"那天买得越多越好。　　　　　　　　(　　　)

六、理解语言点，完成句子

1.“而”字联合词组

①她是一个漂亮的姑娘。②她是一个活泼的姑娘。（请把两个句子变成一个句子）

_____。

2.省（时间/钱……）

为了_____，爸爸今天开车去上班。

3.任何

她非常喜欢听音乐，_____。

4.主＋动（使）＋兼语……

这是他第一次送我花，这真_____。

5.通过

①我上汉语课。②我学习中国文化。（请把两个句子变成一个句子）

_____。

七、根据课文选择正确答案

1.根据课文第二段的这段话，为什么“双11”那么受欢迎？ _____

在这一天，人们可以以比平时低的价格买到商品。通常，在节日开始前，很多人就把想买的商品提前放进“购物车”，然后在11月11日0点付钱，这样就可以省很多钱。

A.可以买到平时买不到的商品

B.可以买到比平时便宜的商品

C.快递比平时更快

2.根据课文第三段，中国的网购有什么特点？（多选题）_____

A.能买到很多东西

B.付款的方式很多

C.快递很快

3.根据课文第四段的句子，为什么“剁手”会成为11月最火的词语？ _____

一般在“双11”的时候，人们会在网上买很多东西，“剁手”也就成了每年11月网络上最火的词语，意思是“因为没办法控制自己的购物欲望，所以想把自己的手剁了”，这是一种既夸张又幽默的说法，也成为2015年的“十大流行语”。

A.因为人们在“双11”会买很多东西

B.因为人们总是造成浪费

C.因为中国人很喜欢夸张的词语

八、根据课文回答问题

1.“双11”为什么那么受欢迎？

2.你喜欢网购还是去商店购物？ 为什么？

3.中国的“双11”和“黑色星期五”有什么不同？

人生百味

第九课　难忘的生日

　　有一天下班，我跟平时一样，打算坐地铁回家。从公司出来时，天已经快黑了。突然，我看到一位送外卖的小哥独自坐在路边哭。外卖员平时都很忙碌：他们在手机上一接到顾客的订单，就要赶到商家那里帮顾客取餐，然后再按照订单上的地址，按时送到顾客手里。因此，我觉得这位外卖小哥可能遇到什么困难，否则不会在这里哭。我决定帮助他。我走近一看，这位小哥手里还拿着一个蛋糕。我想，也许是他不小心把顾客的蛋糕弄坏了。

订单
dìngdān
order

商家
shāngjiā
merchant

　　我问他："你好，你怎么哭了？需要帮助吗？"他看到我，先是摇了摇头，什么都没说。我继续问，他才笑了笑，说出原因。原来，他刚收到一份蛋糕，是一位姓陈的女顾客为他点的。他说："我看到订单上写的是给我的，非常惊讶，马上回到店里问老板，老板反复确认了好几遍，这确实是顾客给我点的。"他拿出这份订单给我看，上面写着"您辛苦了，请收下这份蛋糕——陈小姐。"

　　我看了之后也很感动，没想到他又说："今天正好就是我的生日！这真是一个神奇的巧合！"这位外卖小哥做这个工作做了三年，第一次遇到这样的事情，所以忍不住哭了。他告诉我，这是他最难忘的一个生日。

巧合
qiǎohé
coincidence

　　原来，他哭不是因为伤心，而是因为感动。感谢这位陈小姐，她有一颗温暖的心。她一定想不到，她的一个善良行为给外卖小哥带来极大的感动。我相信，以后的每个生日，外卖小哥都会想起这件事。我看到这一幕，也感到生活被人们的善良照亮了。

照亮
zhàoliàng
illuminate

生　词

1.忙碌	mánglù	形（adj.）	busy
2.顾客	gùkè	名（n.）	customer，client
3.赶	gǎn	动（v.）	to rush for，to hurry
4.取	qǔ	动（v.）	to take，to fetch
5.按照	ànzhào	介（prep.）	according to
6.地址	dìzhǐ	名（n.）	address
7.按时	ànshí	副（adv.）	on time，on schedule
8.遇到	yùdào		to meet，to encounter
9.困难	kùnnan	名/形（n./adj.）	difficulty/difficult
10.否则	fǒuzé	连（conj.）	or，otherwise，if not
11.决定	juédìng	动（v.）	to decide，to determine
12.也许	yěxǔ	副（adv.）	maybe，perhaps
13.弄	nòng	动（v.）	to do，to make，to fetch
14.继续	jìxù	动（v.）	to go on，to continue
15.原来	yuánlái	副/形（adv./adj）	as a matter of fact，as it turns out/ original
16.收	shōu	动（v.）	to receive
17.份	fèn	量（m.）	part，portion
18.惊讶	jīngyà	形（adj.）	surprised，astonished
19.反复	fǎnfù	副（adv.）	repeatedly，over and over again
20.确认	quèrèn	动（v.）	to confirm，to affirm
21.辛苦	xīnkǔ	形（adj.）	hard，toilsome
22.感动	gǎndòng	形/动（adj./v.）	moved/to touch，to move
23.神奇	shénqí	形（adj.）	magical，miraculous
24.忍不住	rěn bu zhù		cannot help（doing sth.）
25.感谢	gǎnxiè	动（v.）	to thank
26.善良	shànliáng	形（adj.）	kind-hearted
27.行为	xíngwéi	名（n.）	behavior
28.幕	mù	量（m.）	measure word for an act of a play， or a scene

语言点例句

1.快……了

(1)快下雨了,你带伞了吗?

(2)饭快好了,准备吃饭吧。

2.按照

(1)请按照我说的方法做冰奶茶。

(2)按照学校的要求,如果不能来上课,必须向老师请假。

3.……否则……

(1)这么冷的天要多穿衣服,否则会感冒的。

(2)这种药你要吃三天,否则没有效果。

4.原来

(1)难怪你身体这么好,原来你天天锻炼呀!

(2)教室里为什么一个人都没有,问了李老师,才知道原来今天没有课。

5.忍不住

(1)小张每次听到这个故事都忍不住要笑。

(2)看到姐姐哭了,我也忍不住哭了。

课后练习

一、快速阅读课文,选择正确答案

1.根据第一段,外卖小哥怎么了? _____

   A.哭了　　　　　　　　　　　　B.太累了

   C.有困难　　　　　　　　　　　D.把别人的蛋糕弄坏了

2.外卖小哥平时工作怎么样? _____

   A.放松　　　　B.幸福　　　　C.难　　　　D.忙

3.根据前后文,第二段中的"惊讶"可能是什么意思? _____

   A.生气　　　　B.开心　　　　C.没想到　　　　D.伤心

4.根据第三段,外卖小哥为什么说这是一个"巧合"? _____

   A."我"很感动　　　　　　　　B.那天是他的生日

   C.第一次吃蛋糕　　　　　　　D.第一次遇到这种事

5.根据第四段,外卖小哥为什么哭? _____

   A.因为伤心　　　B.因为高兴　　　C.因为感动　　　D.因为太累了

6.作者觉得陈小姐怎么样？ _____

    A.很难忘   B.很漂亮   C.不太累   D.很善良

二、选词填空

    按时   取   遇到   决定   也许   继续   惊讶   感谢

1.昨天在商场购物时_____了小学同学。

2.想了很长时间，他终于_____要去中国留学。

3.请到楼下_____快递。

4.如果明年有时间，_____我们可以一起去国外旅游。

5.他帮了我很多，我真要好好_____他。

6.请大家明天_____到校，我们有重要的事情要说。

7.今天太晚了，别学了，明天再_____。

8.小陈：怎么了？为什么这么_____地看着我？

    大卫：你的眼睛怎么变得这么红？

三、根据课文填空

1.外卖员一般都很_____，需要给顾客_____餐并送餐，因此我觉得他可能_____了困难，_____不会在这里哭。我问了半天，才知道他为什么哭，_____，他收到一份蛋糕。

2.他看到有人给他订了一个蛋糕，非常_____。订单上写着："您_____了！"

3.他第一次遇到这样的事情，非常_____，_____哭了。

四、理解语言点，完成句子

1.快……了

九点半了，超市_____。

2.按照

请_____做下面的题。

3.……否则……

我必须打出租车，_____。

4.原来

我昨天觉得很奇怪，给你打电话你不接，_____！

5.忍不住

听到小宝宝可爱的回答，我和丈夫_____。

五、排列顺序

1.A.这个植物园不是免费的

  B.否则不能进入

  C.你必须得先买票

_____

2.A.原来他找到了一份很好的工作

　　B.最近几天小王看起来特别开心

　　C.我问了他,才知道原因

_____

六、根据课文选择正确答案

1.根据第一段,作者为什么觉得外卖小哥遇到困难? _____

　　A.他一般很忙,如果哭的话应该是有困难了

　　B.他接到订单了,但是没去商家那里取餐

　　C.他没按时把食物送到顾客手里

2.根据第二段,外卖小哥哭的原因是什么? _____

　　A.一位女士为他点了一份蛋糕

　　B.我帮助了他,他很感谢我

　　C.老板送给了他一个蛋糕

3.请给第四段一个小题目。 _____

　　A.奇怪的订单

　　B.善良的心

　　C.可爱的蛋糕

七、根据课文回答问题

1.外卖员平时的工作是什么样的?

2.外卖小哥遇到一件什么事? 他觉得怎么样?

3.外卖小哥为什么哭了?

4.在你身边,你有没有听说或遇到过这么温暖的故事?

第十课　活到老学到老

中国有句古话：活到老学到老。意思是：即使年龄大了，也要学习。代表"生命不止，学习不止"的精神。为了满足老年人学习的需要，中国的很多地方都会设立老年大学，为退休的老人提供多种课程，以丰富老年人的生活。

王爷爷对绘画很感兴趣，于是就报名参加老年大学的绘画课程。正式开课前，他精心准备了教材、画板、铅笔、橡皮。孙女看见了，高兴地说："爷爷在老年大学学画画，我在幼儿园学画画，我们都在学画画。"王爷爷在老年大学里认识了很多喜欢绘画的朋友，他们上课时都非常认真，每周坚持画一幅画，拿到班上让老师评价。王爷爷在家经常和孙女一起画画。老年大学的课程既让他认识新朋友，找到新乐趣，又让他能够陪伴孙女成长。

张奶奶退休之后过了一段空闲的日子，她渐渐觉得有些无聊。有一天，她看见老年大学有舞蹈课程，兴奋极了，马上就报名了。她想让自己的退休生活变得丰富。开学第一天，她发现学跳舞的老年人真不少，班上有四十多名学员，其中还有十几位男士。通过交谈，她了解到，虽然大家以前的职业、经历都不相同，但同样热爱生活。课堂上，老师一遍遍地教舞蹈动作，不厌其烦，老年学员也认真学习。经过一学年的勤学苦练，他们比以前跳得好多了，还参加了民族舞、古典舞的比赛和表演。舞蹈班的老人们都说，多亏了这些课程，他们不但身体更健康了，人也更年轻了！

老年大学使他们的晚年生活变得更加精彩，同时，重新回到校园，享受学习过程，这也使他们找回了年轻时的爱好与梦想。

活到老学到老
huó dào lǎo xué dào lǎo
lifelong learning

不厌其烦
búyàngqífán
be very patient

勤学苦练
qínxúe kǔliàn
study diligently and train hard

古典舞
gǔdiǎnwǔ
classical dance

生　词

1.年龄	niánlíng	名(*n.*)	age
2.生命	shēngmìng	名(*n.*)	life
3.精神	jīngshén	名/形(*n./adj.*)	spirit, vigor/lively, vigorous
4.设立	shèlì	动(*v.*)	to establish, to set up
5.退休	tuìxiū	动(*v.*)	to retire
6.提供	tígōng	动(*v.*)	to provide
7.课程	kèchéng	名(*n.*)	course, curriculum
8.报名	bàomíng	动(*v.*)	to apply, to sign up
9.精心	jīngxīn	形(*adj.*)	meticulous, elaborate
10.教材	jiàocái	名(*n.*)	teaching material, textbook, coursebook
11.橡皮	xiàngpí	名(*n.*)	eraser, rubber
12.孙女	sūnnǚ	名(*n.*)	granddaughter
13.坚持	jiānchí	动(*v.*)	to insist, to persist
14.评价	píngjià	动/名(*v./n.*)	to evaluate/evaluation, comment
15.乐趣	lèqù	名(*n.*)	delight, pleasure, joy
16.成长	chéngzhǎng	动(*v.*)	to grow up
17.空闲	kòngxián	形(*adj.*)	leisurely, free
18.无聊	wúliáo	形(*adj.*)	boring
19.舞蹈	wǔdǎo	名(*n.*)	dance
20.兴奋	xīngfèn	形(*adj.*)	excited
21.职业	zhíyè	名(*n.*)	occupation, profession
22.经历	jīnglì	名/动(*n./v.*)	experience/to go through, to experience
23.相同	xiāngtóng	形(*adj.*)	identical, same, in common
24.热爱	rè'ài	动(*v.*)	to love ardently
25.表演	biǎoyǎn	动(*v.*)	to perform, to act, to play
26.多亏	duōkuī	动(*v.*)	thanks to
27.精彩	jīngcǎi	形(*adj.*)	wonderful, splendid
28.重新	chóngxīn	副(*adv.*)	again, once more
29.过程	guòchéng	名(*n.*)	course, process
30.梦想	mèngxiǎng	名/动(*n./v.*)	dream/to dream

语言点例句

1.……，以……

(1)妈妈买了很多书，以帮助孩子在家学习。

(2)人们喜欢在"双11"购物，以买到更便宜的商品。

2.其中

(1)这儿有三本书，其中有一本是我的。

(2)今天我买了两件衣服，其中一件是送给妈妈的。

3.经过

(1)经过两个月的认真准备，我们班在这次比赛中得了第一名。

(2)经过一个月的学习，他终于学会做中国菜。

4.多亏

(1)多亏你的帮助，我才在网上买到火车票。

(2)多亏老师提醒，我才知道明天有考试。

5.重新

(1)老师要求我们重新写作业。

(2)他没听懂这个故事，就让妈妈重新讲一遍。

课后练习

一、快速阅读课文，选择正确答案

1.根据课文第一段，为什么中国很多地方会设立老年大学？ _____

　　A.满足年轻人的学习需要　　　　　　B.丰富老年人的生活

　　C.照顾老年人　　　　　　　　　　　D.陪伴老年人

2.根据课文，王爷爷学的是什么？ _____

　　A.绘画　　　　　B.唱歌　　　　　C.舞蹈　　　　　D.写字

3.王爷爷他们"每周坚持画一幅画，拿到班上让老师评价"，你觉得老师可能怎么评价？ _____

　　A.今天天气真好　　　　　　　　　　B.我特别喜欢听音乐

　　C.你什么时候买的画板　　　　　　　D.你画得很用心

4.根据上下文，第三段中词语"无聊"是什么意思？ _____

　　A.忙　　　　　B.没有事情做　　　　C.不太好　　　　D.不想说话

5.根据课文第三段,张奶奶有多少个男同学?_____

　　A.十个　　　　　　B.二十几个　　　　　C.四十几个　　　　　D.十几个

6.根据课文,上老年大学的老人们心情怎么样?_____

　　A.漂亮　　　　　　B.开心　　　　　　　C.害怕　　　　　　D.难过

二、选词填空

设立　　提供　　坚持　　兴奋　　经历　　热爱　　重新

1.他每天早晨_____跑步。

2.他们两个因为共同的_____成了好朋友。

3.老师把今天要做的作业_____说了一遍。

4.每个人都应该_____自己的国家。

5.开学第一天,同学们又见面了,大家都很_____。

6.学校为学生_____了中午休息的地方。

7.小陈:听说你最近在学校干了件大事?

　　小月:是的,我和朋友为学校_____了奖学金。

三、根据课文填空

1.为了_____老年人的学习需要和_____老年人的生活,中国的很多地方都会_____老年大学。

2.王爷爷每周_____画画,还能在老年大学得到老师的_____。

3.老年大学_____班的学员_____一学年的勤学苦练,参加了很多_____和_____。

4.这篇文章谈的是_____老人的生活,老年大学让他们的晚年生活变得_____。

四、理解语言点,完成句子

1.……,以……

我每天坚持运动,_____。

2.其中

我家院子里有很多种颜色的花,_____是我最喜欢的。

3.经过

_____,我们拿到了第一名。

4.多亏

我不知道要下雨,_____,我才带了伞。

五、根据课文判断对错

1.老年大学是专门为老年人提供课程的。　　　　　　(　　　)

2.王爷爷因为要陪孙女,所以没时间画画。　　　　　(　　　)

3.老年大学学员过去的职业、经历都相同。　　　　　(　　　)

4.老人们都很喜欢老年大学。　　　　　　　　　　　(　　　)

六、根据课文选择正确答案

1.根据第二段的句子，以下哪种说法正确？ _____

老年大学的课程既让他认识新朋友，找到新乐趣，又让他能够陪伴孙女成长。

    A.老年大学只能让他陪伴孙女成长

    B.老年大学没能让他找到新乐趣

    C.老年大学可以认识新朋友也能陪伴孙女

2.根据第三段，关于舞蹈课程，你觉得张奶奶会怎么说？ _____

    A.舞蹈课程很空闲

    B.舞蹈课程让她身体更健康，人也更年轻

    C.参加舞蹈课程很累

3.这篇文章主要告诉我们什么？ _____

    A.老年大学丰富了老年人的生活，让他们的生活更加精彩

    B.老年大学有绘画和舞蹈课程

    C.所有人都能参加老年大学的课程

七、根据课文回答问题

1.根据课文内容，你认为"活到老学到老"的意思是什么？

2.请你重新说一说王爷爷或张奶奶在老年大学的故事。

3.如果你是一个老人，你希望老年大学提供什么课程？为什么？

4.在你们国家，有没有像中国这样的老年大学？

第十一课 跟外国人"搭讪"

马云三十岁时只是英语教师。后来他创办著名的"淘宝网",经常被邀请到世界各地演讲。他一口流利的英语给大家留下深刻的印象。其实,马云是通过与外国人聊天来学英语的。

家住杭州的马云从小就对英语感兴趣。十二岁时,他买了一台收音机,每天都听英文广播。他还常常到西湖边跟外国人"搭讪",跟他们说英语。

有一天,马云在西湖边遇到澳大利亚小男孩大卫,马云想用英语跟他聊天,便过去跟他打招呼。他们互相自我介绍,大卫告诉马云,他的爸爸肯·莫利对中国非常感兴趣,所以带全家来中国旅行。他们聊得很开心,很快成为朋友。后来,莫利先生一家回国,马云经常给他们写信。莫利不仅给马云回信,还顺便辅导马云的英语写作,鼓励马云好好学习英语。他们就这样一直保持着联系。

四年后,马云第三次高考成绩并不理想。那时大多数中国人英语说得并不好,而马云的英语很出色,他最终被大学的英语专业录取。大学期间,莫利邀请马云到澳大利亚旅行。当时出国很难拿到签证,但马云并不放弃,他用流利的英语讲自己和莫利的友谊,终于感动面试官,得到签证。首次出国的马云,面对外国人一点儿也不紧张,积极与他们交流。

这次旅行给马云打开一扇窗户,让他更加自信地跟外国人交流,开创自己的事业。中国的改革开放为马云提供了创业的环境,普通人只要努力,抓住机会,都可以梦想成真。

你现在不是也在学习汉语吗?去跟中国人"搭讪"吧!除了提高语言水平以外,说不定你还会有其他的收获呢!

马云
Mǎ Yún
Ma Yun (1964—), Jack Ma, the co-founder and former executive chairman of Alibaba Group

杭州
Hángzhōu
Hangzhou, the capital of Zhejiang Province

西湖
Xī Hú
West Lake, one of China's most famous lakes in Hangzhou

澳大利亚
Àodàlìyà
Australia

肯·莫利
Kěn Mòlì
Ken Morley, a person's name

改革开放
gǎigé kāifàng
reform and opening-up

生　词

1.著名	zhùmíng	形（adj.）	famous，well-known
2.邀请	yāoqǐng	动（v.）	to invite
3.演讲	yǎnjiǎng	动（v.）	to give a lecture, to make a speech
4.流利	liúlì	形（adj.）	fluent
5.深刻	shēnkè	形（adj.）	deep，profound
6.印象	yìnxiàng	名（n.）	impression
7.台	tái	量（m.）	measure word for machines
8.广播	guǎngbō	名/动（n./v.）	broadcast/to broadcast
9.搭讪	dāshàn	动（v.）	to strike up a conversation with sb.
10.互相	hùxiāng	副（adv.）	mutually
11.辅导	fǔdǎo	动（v.）	to coach，to tutor
12.写作	xiězuò	动（v.）	to write
13.鼓励	gǔlì	动（v.）	to encourage
14.联系	liánxì	动（v.）	to contact
15.高考	gāokǎo	名（n.）	college（or university）entrance examination
16.出色	chūsè	形（adj.）	remarkable，outstanding
17.专业	zhuānyè	名/形（n./adj.）	major，specialty/professional
18.期间	qījiān	名（n.）	time，period
19.当时	dāngshí	名（n.）	then，at that time
20.签证	qiānzhèng	动（v.）	to grant a visa
21.放弃	fàngqì	动（v.）	to give up
22.友谊	yǒuyì	名（n.）	friendship
23.面对	miànduì	动（v.）	to face，to confront
24.积极	jījí	形（adj.）	positive
25.扇	shàn	量（m.）	leaf（for doors，windows，etc.）
26.自信	zìxìn	形/名（adj./n.）	self-confident/self-confidence
27.事业	shìyè	名（n.）	cause，undertaking，career
28.抓	zhuā	动（v.）	to grab，to seize
29.语言	yǔyán	名（n.）	language
30.收获	shōuhuò	名/动（n./v.）	results，gains/to gain

语言点例句

1.……被……

(1)他的帽子被风吹在地上。

(2)水果被妈妈放进冰箱里。

2.便……

(1)他是个懂事的孩子,一回到家便帮妈妈照顾妹妹。

(2)她看了这封信便难过起来。

3.当时

(1)1999年电脑非常贵,当时很少有人买。

(2)有一次我们一起吃饭,他说以后会去中国,当时我还不相信,后来他真的去了中国。

4.说不定

(1)我们快回家吧,说不定一会儿要下雨。

(2)你别担心,说不定他已经回家了,只是没给你打电话。

课后练习

一、快速阅读课文,选择正确答案

1.根据课文,马云以前做过什么工作? _____

  A.导游   B.老师   C.面试官   D.演讲家

2.根据课文,马云小时候经常做什么? _____

  A.看购物网站   B.去西湖锻炼   C.听英语广播   D.练习演讲

3.根据课文第三段,马云和莫利一家的关系怎么样? _____

  A.很少联系   B.不好   C.很好   D.一般

4.课文第四段中的词语"出色"是什么意思? _____

  A.很好   B.不好   C.很好的颜色   D.一般

5.根据课文第五段"中国的改革开放为马云提供了创业的环境",下面哪句话是对的?

_____

    A.马云遇到的环境很差   B.马云有机会上大学

    C.普通人不能创业   D.马云遇到好的环境

6.根据课文第六段,"搭讪"是什么意思? _____

    A.跟中国人聊天   B.听口文广播

    C.听中国人的演讲   D.去国外旅游

二、选词填空

鼓励   专业   放弃   互相   收获

1. 夫妻之间要_____理解，也要多多交流。

2. 如果你每天都背十个英语单词，那么一年以后一定能_____很多。

3. 我上次考试没考好，但妈妈_____我以后继续努力。

4. 她是一名_____篮球运动员。

5. 小李：你再好好想想吧，真的要出国吗？

   小张：我不想_____这次去国外留学的机会。

三、根据课文判断对错

1. 马云和莫利通过电子邮件保持联系。   （   ）

2. 因为马云的英语非常好，所以他非常顺利拿到签证。 （   ）

3. 马云是一个自信的人。   （   ）

4. 马云高考以前就去澳大利亚旅行了。   （   ）

5. 跟外国人"搭讪"能收获很多。   （   ）

四、根据课文填空

1. 马云创办了_____的购物网站"淘宝网"，也经常在世界各地_____。人们对他_____的英语印象非常_____。

2. 马云在西湖边遇到了大卫，____去跟他_____。后来，大卫的爸爸莫利经常_____马云英语写作，_____他不要_____学习英语。

3. 虽然马云_____成绩不理想，但马云的英语非常_____，最终被一所大学的英语专业录取。

五、理解语言点并完成句子

1. ……被……

小月：你妈妈是怎么喜欢上广场舞的？

小王：_____。

2. 便……

茶加入牛奶，_____。

3. 当时

奶奶年轻的时候没能上大学，因为_____。

4. 说不定

你去尝一尝火锅吧，_____。

六、根据课文选择正确答案

1. 根据第一段中的这段话，马云是怎么学好英语的？_____

后来，他创办著名的"淘宝网"，经常被邀请到世界各地演讲。他一口流利的英语给大家留下深刻的印象。其实，马云是通过跟外国人聊天练好的。

  A. 跟英语老师学好的

B.看世界各地的演讲

C.跟外国人聊天

2.根据课文第四段的这句话,马云为什么能得到签证?(多选题)_____

当时出国很难拿到签证,但马云并不放弃,他用流利的英语讲自己和莫利的友谊,终于感动面试官,得到签证。

A.以前中国人拿到签证很容易

B.面试官被马云和莫利的友谊感动了

C.马云流利的英语对得到签证有很大帮助

3.根据课文第五段中这句话,哪种说法正确? _____

这次旅行给马云打开一扇窗户,让他更加自信地跟外国人交流,开创自己的事业。

A.马云在澳大利亚学习怎样创办公司

B.这次旅行决定了马云的事业

C.出国的经历让马云更加自信了

七、根据课文内容排序

A.马云创办著名的"淘宝网"

B.马云买了一台收音机,每天学习英语

C.莫利给马云回信,鼓励马云学习英语

D.莫利带全家来西湖旅行

E.马云第三次高考成绩不理想

F.马云跟大卫"搭讪",成为好朋友

G.马云在改革开放的环境下抓住机会,获得成功

H.马云成为一名英语老师

I.马云进入大学英语专业

J.马云经过很多困难才拿到签证

正确顺序是_____

八、根据课文回答问题

1.马云一共参加了几次高考?后来他读了什么专业?

2.课文介绍了马云学习英语的哪几种方法?你觉得哪种方法更适合你?

3.学习英语对马云后来的工作有什么影响?

第十二课　不只是游戏

2018 年，电子竞技成为人们讨论的话题。

田野是一名电竞选手。他为什么选择这份职业呢？田野在采访中给出答案："我在游戏中认识一个朋友，他有一天突然问我，想不想把打游戏当作职业，我考虑了很久，在得到父母的支持后，愿意去试一下。"这天是一个普通的训练日，田野像往常一样，中午起床，便开始长达十几个小时的训练。这样的训练不是一天两天，而是日复一日。

"网络游戏＝电子竞技"这种想法是错误的。网络游戏是一种娱乐活动，而电子竞技比的是个人能力和团队合作能力。只有经过长时间训练的电竞选手，才能在赛场上展示出自己的技术，获得比赛的胜利。电子竞技的"内容"很丰富，既有古代历史，也有现代故事。这些内容通过网络科技的方式表现出来，比如很多中国古代的人物故事就被引进到电竞作品中，选手可以通过这些作品学习古人坚持不懈的精神。可以看出，电子竞技和网络游戏不同，它是鼓励人们认真学习、工作和生活的一种方式。

电竞并不像人们所看到的那样——打着游戏就能赚钱。它和大多数职业一样，要有清楚的职业目标和精心的准备。电竞的门槛看起来很低，好像只要有一台电脑，任何人都可以成为选手，实际上，这需要不懈的努力。很多人在电竞的行业里进进出出，真正留下来的还是那些坚持到最后的人。如果你想选择电竞这份职业，如果这是你的梦想，那就坚持下去，努力实现它吧。

门槛
ménkǎn
threshold

生 词

1.电子竞技	diànzǐ jìngjì		electronic sports
2.讨论	tǎolùn	动(v.)	to discuss，to talk over
3.话题	huàtí	名(n.)	topic
4.采访	cǎifǎng	动(v.)	to interview
5.答案	dá'àn	名(n.)	answer，key
6.考虑	kǎolǜ	动(v.)	to consider
7.支持	zhīchí	动(v.)	to support
8.普通	pǔtōng	形(adj.)	ordinary，common
9.训练	xùnliàn	动(v.)	to train
10.往常	wǎngcháng	名(n.)	past；former times
11.日复一日	rìfùyírì		day after day
12.错误	cuòwù	形/名(adj./n.)	wrong/mistake，error
13.个人	gèrén	名(n.)	individual
14.能力	nénglì	名(n.)	ability，competence
15.团队	tuánduì	名(n.)	group，team
16.合作	hézuò	动(v.)	to cooperate
17.展示	zhǎnshì	动(v.)	to show，to display
18.技术	jìshù	名(n.)	technology
19.获得	huòdé	动(v.)	to gain，to obtain
20.胜利	shènglì	动(v.)	to win a victory
21.内容	nèiróng	名(n.)	content
22.科技	kējì	名(n.)	science and technology
23.表现	biǎoxiàn	动(v.)	to display，to show
24.人物	rénwù	名(n.)	figure，character
25.作品	zuòpǐn	名(n.)	work (of art or literature)
26.坚持不懈	jiānchí-búxiè		persevere，unremitting
27.目标	mùbiāo	名(n.)	goal，objective
28.实际上	shíjìshang	副(adv.)	as a matter of fact，in fact，actually
29.行业	hángyè	名(n.)	trade，profession，industry
30.真正	zhēnzhèng	形(adj.)	true，real
31.实现	shíxiàn	动(v.)	to realize，to achieve

语言点例句

1.往常

(1)放假的时候,我还像往常一样,每天早起读书。

(2)他今天生病了,和往常不太一样。

2.只有……才……

(1)只有努力学习,才能取得好成绩。

(2)只有保护环境,人们才能生活得更好。

3.可以看出……

(1)从他的动作可以看出,他已经很老了。

(2)兰兰的作业很少有错误,这可以看出她是一个学习认真的人。

4.主＋所＋谓语＋的

(1)我所知道的就是这些。

(2)这就是他所需要的。

5.实际上……

(1)实际上作业并不多,可我到现在也没做完。

(2)养花,这件事看起来简单,实际上并不是一件容易的事。

课后练习

一、快速阅读课文,选择正确答案

1.田野是_____。

 A.一名老师　　　　　B.一名田径运动员　C.一名学生　　　　　D.一名电竞选手

2.田野每天都要训练_____。

 A.一个小时　　　　　B.几个小时　　　　　C.十几个小时　　　　D.半个小时

3.根据上下文,第三段的词语"丰富"有什么意思? _____

 A.很多　　　　　　　B.很少　　　　　　　C.没有　　　　　　　D.丰收

4.根据文中的内容,电子竞技是_____。

 A.一个人　　　　　　B.一个故事　　　　　C.一种职业　　　　　D.一部电影

5.根据文中的内容,想要成为电子竞技选手_____。

 A.只需要一台电脑　　　　　　　　　B.只需要一个桌子

 C.需要坚持不懈的精神　　　　　　　D.需要一些钱

二、请找出下列词中相同的字,查字典写出它们的意思

1.错误　错题　错字　_____

2.竞技　竞赛　竞猜　_____

3.就业　职业　行业　_____

三、选词填空

讨论　　答案　　支持　　合作　　表现　　实际上　　真正

1.我爸爸妈妈非常_____我做的决定。

2.我和我的汉语老师_____了这个学期的学习计划。

3.这才是_____的中国饺子,味道很好。

4.她在工作中_____很好。

5.我喜欢在工作中和其他人_____。

6.我以为这学期会有新的汉语老师,但_____还是原来的田老师教我们。

7.小月:这个问题你想出来了吗?

小张:我想了很久,还是没有想出这个问题的_____。

四、根据课文填空

1.2018 年,越来越多的人开始_____电子竞技这一_____。

2.要不要选择电竞职业,田野很犹豫,他_____了很久,加上父母对他的_____,最后他决定成为一名电竞选手,开始了每天十几小时的_____。

3.网络游戏和电子竞技是不一样的,电子竞技中的_____能力和团队_____是很重要的,要想在_____上赢得_____就要经过长时间的_____。

4.电子竞技的门槛很高,想成为职业电子竞技的选手不仅要有_____还要有_____的精神,只有_____到最后,才能实现_____。

五、理解语言点,完成句子

1.往常

奇怪,他_____,不知道今天怎么这么不开心。

2.只有……才……

只有努力学习汉语,才_____。

3.可以看出……

从她的笔记本里可以看出_____。

4.主＋所＋谓语＋的

小金:你还知道其他的吗?

小陈:_____。

5.实际上……

天气预报上说今天天气不太好,实际上_____。

六、根据课文判断对错

1.田野想成为一名电子竞技选手，但他的爸爸妈妈不支持他。（　　）

2.电子竞技和网络游戏是一样的，都是在网上打游戏。（　　）

3.电子竞技里的内容很简单，都是现代的故事和现代人的生活。（　　）

4.成为一个电子竞技选手并不简单，要坚持长时间训练。（　　）

七、根据课文选择正确答案

1.根据文中第二段内容，我们可以知道什么？　_____

　A.要想成为电子竞技选手，只要爸爸妈妈支持，就不需要训练

　B.电子竞技选手非常辛苦，每天要训练十几个小时

　C.把电子竞技当作职业不需要考虑，想做就做

2.根据文中第三段以下这句话，下面哪个句子正确？　_____

网络游戏是一种娱乐活动，而电子竞技比的是个人能力和团队合作能力。只有经过长时间训练的电竞选手，才能在赛场上展示出自己的技术，获得比赛的胜利。

　A.电子竞技和网络游戏一样，一个人就可以完成

　B.电子竞技选手只要足够聪明，就不需要训练

　C.电子竞技选手要想获得比赛胜利，就要经过长时间的训练，还要和团队合作

3.根据文中第四段的句子，下面哪个句子正确？　_____

电竞的门槛看起来很低，好像只要有一台电脑，任何人都可以成为选手，实际上，这需要不懈的努力。

　A.想要成为一名电子竞技选手，其实不简单

　B.想要成为一名电子竞技选手，只需要一台电脑

　C.任何人都可以成为电子竞技选手

4.这篇文章主要告诉我们什么？　_____

　A.想要成为电子竞技选手，要有清楚的职业目标和坚持的精神

　B.电子竞技和网络游戏一样简单，人们可以自己玩，也可以和团队一起玩

　C.电子竞技是不健康的，不能把它当职业

八、根据课文回答问题

1.电子竞技都包含什么内容？和网络游戏一样吗？

2.你认为电子竞技是一个好的职业吗？为什么？

3.在你们国家有电子竞技这种职业吗？它在你们国家发展得怎么样？

行走中国

第十三课　重庆的"魔幻"交通

　　重庆是中国西南部有名的"山城"。之所以称为"山城"，是因为这座城市中有许多坡地。重庆的城市交通系统与它的地理环境完全适应，比如，在这座城市中几乎没人骑自行车，因为城市里一会儿是上坡，一会儿是下坡，骑自行车既不方便，又很危险。

　　这座城市有山有水，桥特别多，共有13 000多座，被称为中国的"桥都"。其中一座立交桥的设计非常复杂：一共有5层，连接8个方向，最高的道路离地面大约10层楼那么高，因此，这座桥也被称为"8D魔幻立交桥"。

　　然而，重庆最让人感到"魔幻"的地方，在于楼层设计和城市交通设计的"配合"。在 YouTube 上，有一段视频非常火，那就是重庆的地铁从楼中间穿过，好像魔幻电影一样，令人惊叹。很多游客专门来这里拍照片，分享到社交网站上。它还出现在许多媒体的报道中，吸引了全世界的目光。此外，在很多网站上，有许多关于重庆复杂交通的"段子"，比如，前方重庆，导航结束。意思是，导航都弄不清楚重庆的道路。当然，这是比较夸张的说法。

　　重庆的"魔幻"交通是根据当地的地理、人口、建筑特点发展起来的，它也成为重庆的城市名片，吸引着越来越多来自世界各地的游客。中国人经常说"耳听为虚，眼见为实"，希望大家都能找机会来重庆亲身感受，相信你一定会发出惊叹的。

重庆
Chóngqìng
Chongqing, a megacity in southwest China

立交桥
lìjiāoqiáo
flyover, overpass
魔幻
móhuàn
magical

惊叹
jīngtàn
cause astonishment, marvel

段子
duànzi
joke

耳听为虚，眼见为实
ěr tīng wéi xū, yǎn jiàn wéi shí
Hearing could be misleading but seeing is believing.

生 词

1.交通	jiāotōng	名(*n.*)	transportation，traffic
2.系统	xìtǒng	名(*n.*)	system
3.地理	dìlǐ	名(*n.*)	geography
4.完全	wánquán	副(*adv.*)	completely
5.适应	shìyìng	动(*v.*)	to get used to
6.危险	wēixiǎn	形(*adj.*)	dangerous
7.桥	qiáo	名(*n.*)	bridge
8.设计	shèjì	名/动(*n./v.*)	design/to design
9.复杂	fùzá	形(*adj.*)	complicated
10.方向	fāngxiàng	名(*n.*)	direction，orientation
11.大约	dàyuē	副(*adv.*)	approximately，about
12.在于	zàiyú	动(*v.*)	to lie in，depend
13.配合	pèihé	动(*v.*)	to cooperate，to act in concert with
14.视频	shìpín	名(*n.*)	video
15.专门	zhuānmén	副(*adv.*)	specially
16.拍	pāi	动(*v.*)	to take (a photo)，to shoot (a video)
17.分享	fēnxiǎng	动(*v.*)	to share (in)
18.出现	chūxiàn	动(*v.*)	to appear，to emerge
19.媒体	méitǐ	名(*n.*)	media，mass media
20.报道	bàodào	名/动(*n./v.*)	report/to report，to cover
21.吸引	xīyǐn	动(*v.*)	to attract
22.目光	mùguāng	名(*n.*)	sight，view，vision
23.网站	wǎngzhàn	名(*n.*)	website
24.导航	dǎoháng	动(*v.*)	to navigate，to pilot
25.当地	dāngdì	名(*n.*)	locality (or place mentioned)
26.建筑	jiànzhù	名(*n.*)	architecture，building
27.特点	tèdiǎn	名(*n.*)	characteristic
28.发展	fāzhǎn	动(*v.*)	to develop，to promote
29.名片	míngpiàn	名(*n.*)	business card，name card
30.感受	gǎnshòu	动/名(*v./n.*)	to feel/feeling

语言点例句

1.之所以……是因为……

(1)他之所以成绩不好,是因为平时不努力。

(2)我之所以来晚,是因为坐错电车了。

2.A 与 B(相)适应

(1)这种锻炼方式与他们的年龄相适应。

(2)很多动物的生活方式都与它们的生活环境相适应。

3.一会儿……一会儿……

(1)今天天气真奇怪,一会儿天晴,一会儿下雨。

(2)妈妈今天上午很忙,一会儿洗衣服,一会儿做饭。

4.大约+(V 了)+数+量词

(1)这棵树大约五米高。

(2)我回家大约花了二十分钟。

5.在于

(1)你能不能取得好成绩在于平时的努力程度。

(2)舞蹈学得好不好,最重要的不在于你的身体条件,而在于你能不能坚持。

课后练习

一、快速阅读课文,选择正确答案

1.重庆是中国_____部的城市。

   A.东北   B.西南   C.东南   D.西北

2.根据课文,重庆的自行车_____。

   A.非常多   B.一般   C.特别少   D.不知道

3.根据课文,重庆为什么被称为"桥都"? _____

   A.桥很美   B.桥很高   C.桥很多   D.桥很宽

4.课文中介绍的立交桥有多少层? _____

   A.5   B.8   C.10   D.13 000

5.根据课文第三段,重庆的交通有什么特点? _____

   A.很方便   B.很复杂   C.很快   D.很夸张

6.根据课文最后一段,"当地"的意思是什么? _____

   A.很远的地方   B.这个地方   C.地名   D.地下

二、选词填空

完全　　设计　　大约　　专门　　拍　　报道　　发展　　感受

1.我每天晚上_____要跑五千米。

2.看了这本书,我能_____到作者的心情。

3.爸爸一边吃早餐,一边看报纸上的新闻_____。

4.这件事情和我想的_____一样。

5.中国在最近几十年_____得很快。

6.妈妈过生日时,我_____去买了花送给她。

7.我很喜欢这件衣服的_____。

8.小张:你姐姐的工作是什么?

　　小月:她是_____视频的。

三、根据课文填空

1.重庆的城市_____与它的_____完全适应,城市里一会儿是_____,_____是下坡。

2.重庆有一座立交桥,它的_____非常_____。

3.重庆"魔幻"交通出现在不同媒体的_____中,能_____全世界的_____。

4.根据重庆_____的地理、人口和建筑特点,重庆的交通有着自己的_____,也成为了代表这座城市的_____。

四、理解语言点,完成句子

1.之所以……是因为……

大家之所以都喜欢大熊猫,_____。

2.A 与 B(相)适应

_____,天气热穿短袖,天气冷穿长袖。

3. 一会儿……一会儿……

弟弟在学习时一点儿也不认真,_____。

4.在于

他的成绩很好,原因_____。

五、根据课文判断对错

1.重庆人习惯经常骑自行车。　　　　（　　　）

2.重庆的房子设计和交通配合很好。（　　　）

3.在重庆不能使用导航。　　　　　　（　　　）

4.重庆的地铁会从楼中间穿过。　　　（　　　）

5.重庆有很多游客。　　　　　　　　（　　　）

六、根据课文选择正确答案

1.根据第一段的句子,以下哪种说法正确?（多选题）_____

重庆是中国西南部有名的"山城"。之所以称为"山城",是因为这座城市中有许多坡地。

  A.重庆的坡地很多

  B.重庆是中国的"山城"

  C.重庆很大

2.根据第二段的句子,为什么这座桥被称为"8D魔幻立交桥"?(多选题)_____

  其中一座立交桥的设计非常复杂:一共有5层,连接8个方向,最高的道路离地面大约10层楼那么高,因此,这座桥也被称为"8D魔幻立交桥"。

  A.它能连接8个方向

  B.它很高

  C.它的设计复杂

3.根据下面这句话的上下文,作者认为来重庆的游客会怎么说?_____

  希望大家都能找机会来重庆亲身感受,相信你一定会发出惊叹的。

  A.太魔幻了

  B.太可怕了

  C.太热了

4.这篇文章主要告诉我们什么?_____

  A.重庆的交通与当地的地理环境相配合

  B.重庆所有的地铁都会从楼中间穿过的

  C.关于重庆的报道特别多

七、根据课文回答问题

1.你们国家有没有"山城"? 请说一说。

2.根据课文内容,作者提到了哪几种重庆的"魔幻"交通? 请举例说一说。

3.你有没有看过关于重庆交通的视频? 请写一篇两百到三百字的小作文。

第十四课　北京胡同

　　旧北京主要的居住形式是四合院，胡同是四合院中间的通道。北京有多少胡同？北京人说"有名的胡同三千六，没名的胡同数不清"。虽然胡同都是灰墙灰瓦，一个样子，但每条胡同都有自己的故事。

　　胡同的命名方式多样：或以数字命名，如东单三条、东四十条；或以人物命名，如无量大人胡同；或以行业命名，如手帕胡同，就是卖手帕的地方；或以形状命名，如羊尾巴胡同，说胡同的样子像羊尾巴。

　　胡同不仅是居住形式，也是老北京人的生活方式。北京人觉得"远亲不如近邻"，意思是住得远的亲戚不如邻居那么方便，邻居住得近，更容易互相关心、互相帮助，这说明邻居之间的关系非常重要。从小生活在胡同里的孩子，他们不会说我们家住在几号，而是说住在哪条胡同，因为在他们心里，整条胡同都是家。假如父母下班晚了，孩子们也会去邻居家吃晚饭。

　　现在，北京的生活发生很大的变化，许多老胡同是否保留成了问题。目前北京已经有了对老胡同的改造计划，一些四合院经过改造，变成新式住宅；一些胡同里的老屋经过重新装修，变成特色的酒吧、咖啡厅。

　　这些改造并不都是成功的，人们还在寻找平衡点：在建设生活社区的同时，又避免胡同变成商业区。只有这样，生活在里面的人们才不会受到影响，未来的胡同才能有更持久的生命力。

四合院
sìhéyuàn
a yard surrounded with four walls that includes many rooms within it compounds lining both sides

胡同
hútòng
a lane or alley formed by traditional courtyard

数不清
shǔ buqīng
countless

瓦
wǎ
watt

东单三条
Dōngdān Sāntiáo
the name of an alley in Beijing

东四十条
Dōngsì Shítiáo
the name of an alley in Beijing

无量大人
Wúliàng Dàrén
an alley named after a celebrity

手帕
shǒupà
handkerchief

生 词

1.居住	jūzhù	动(v.)	to live, to dwell
2.形式	xíngshì	名(n.)	form, mode
3.灰	huī	形(adj.)	grey
4.样子	yàngzi	名(n.)	look, appearance
5.命名	mìngmíng	动(v.)	to name
6.形状	xíngzhuàng	名(n.)	shape
7.不如	bùrú	动(v.)	to be inferior to, it would be better if
8.亲戚	qīnqi	名(n.)	relative, kinsfolk
9.说明	shuōmíng	动/名(v./n.)	to explain, to show/explanation
10.整	zhěng	形(adj.)	whole, entire
11.假如	jiǎrú	连(conj.)	if, in case
12.发生	fāshēng	动(v.)	to happen, to take place
13.是否	shìfǒu	副(adv.)	if, whether
14.保留	bǎoliú	动(v.)	to retain, to keep
15.目前	mùqián	名(n.)	now, present
16.改造	gǎizào	动(v.)	to reform, to transform
17.计划	jìhuà	名/动(n./v.)	plan/to plan
18.住宅	zhùzhái	名(n.)	residence, dwelling
19.装修	zhuāngxiū	动(v.)	to furnish (a house, room, etc.)
20.特色	tèsè	形/名(adj./n.)	characteristic, distinctive/feature
21.酒吧	jiǔbā	名(n.)	bar, pub
22.成功	chénggōng	形/动(adj./v.)	successful/to succeed
23.寻找	xúnzhǎo	动(v.)	to look for, to seek
24.平衡	pínghéng	形(adj.)	balanced
25.建设	jiànshè	动(v.)	to build, to construct
26.社区	shèqū	名(n.)	community
27.同时	tóngshí	连(conj.)	at the same time, meanwhile
28.避免	bìmiǎn	动(v.)	to prevent, to avoid
29.商业	shāngyè	名(n.)	business, commerce, trade
30.持久	chíjiǔ	形(adj.)	lasting, enduring

语言点例句

1.或……或……

(1)画中人物或轻轻起舞,或静静看书,每个都有自己的特色。

(2)小狗趴在奶奶的脚边,听她讲或伤心或快乐的故事。

2.说明……

(1)她的故事说明父母的陪伴对孩子很重要。

(2)她离开你两年,你还保留着她的照片,说明你还想着她。

3.假如……就/也……

(1)假如明天下雨,我们就在家写作业。

(2)假如你下周有时间,就来我家做客吧。

4.是否

(1)老师,您是否可以再讲一遍? 我还没听明白。

(2)我不知道他是否同意我们的计划。

5.在……同时,又(还)……

(1)在努力学习的同时,我们还要注意休息。

(2)大卫在中国学习汉语的同时,还去了很多地方旅游。

课后练习

一、快速阅读课文,选择正确答案

1.北京有多少胡同? _____

  A.特别多   B.三千六   C.特别少   D.不知道

2.根据课文,第二段中词语"命名"的意思是什么? _____

  A.取名字   B.人名   C.地名   D.名片

3.根据课文,你觉得"刘兰塑胡同"的名字是从哪儿来的? _____

  A.数字   B.行业   C.人的名字   D.不知道

4.根据课文,如果父母下班晚了,孩子们饿了怎么办? _____

  A.等父母回来   B.去邻居家吃饭   C.去爷爷奶奶家   D.去商店买

5.根据课文,第四段中词语"目前"的意思是什么? _____

  A.眼睛看见的   B.眼睛前面的   C.双眼   D.现在

二、选词填空

居住　　不如　　说明　　发生　　保留　　改造　　成功　　避免

1.他向老师_____了没来上课的原因。

2.我可以帮你_____你的房子。

3.这几年,我们学校_____了很大变化。

4.在图书馆一定要_____大声说话。

5.这条街道_____了很多古时候的房子。

6.没有你的帮助,就没有我的_____。

7.你这样一直等着别人帮忙肯定不行,_____自己决点想办法。

8.小金:王爷爷的家为什么没有人?

小月:因为王爷爷退休之后,就搬去和女儿共同_____了。

三、根据课文填空

1.虽然胡同都长得很像,看起来_____,但是每条胡同都有自己的_____。

2.北京有名字的胡同非常多,它们的_____方式多样,有的是_____,有的是_____,有的是_____,还有的是_____。

3.“远亲_____近邻”的意思是:住得远的_____不如住得近的_____,邻居更容易互相关心、互相帮助,这_____邻居之间的关系是非常重要的。

4.一些四合院经过_____,变成了新式_____;还有一些胡同里的老屋经过重新_____,变成了有_____的_____、_____等。

四、理解语言点,完成句子

1.或……或……

①生活就像音乐一样,有时候是欢快的,有时候是忧伤的。②只要有希望,就会使人感动。(请用“但是”把两个句子连起来)

_____。

2.假如……就/也

_____,我们就不能取得好成绩。

3.是否

①你的想法有根据。②你的想法没有根据。(请把两个句子变成一个问句)

_____?

4.在……同时,又(还)……

我们在认真学习的同时,_____。

五、根据课文判断对错

1.北京的胡同是四合院中间的通道。　　　　(　　)

2.羊尾巴胡同是说这条胡同是卖羊的。　　　　(　　)

3.生活在胡同里的孩子不知道自己家住几号。　(　　)

4.老胡同都被保留下来了。　　　　　　　　　(　　)

5.所有胡同都被改造成咖啡厅。　　　　　　　(　　)

六、根据课文选择正确答案

1.根据第一段的句子,以下哪种说法正确?（多选题）_____

北京有多少胡同?北京人说"有名的胡同三千六,没名的胡同数不清"。虽然胡同都是灰墙灰瓦,一个样子,但每条胡同都有自己的故事。

A.北京有很多胡同,虽然长得一样,但故事不一样

B.北京有很多胡同,有的有名字,有的没名字

C.北京有很多胡同,北京人也很喜欢胡同

2.根据第三段,作者最想说明的是什么? _____

A.老北京人邻居之间的关系都非常好

B.老北京人的亲戚都住很远

C.老北京人在胡同的生活方式

3.根据下面这句话,作者认为胡同的改造是怎样的? _____

这些改造并不都是成功的,人们还在寻找平衡点。

A.都是成功的

B.都是失败的

C.有成功有失败

七、根据课文回答问题

1.你们国家主要的居住形式是什么?和北京胡同有什么相同和不同之处?

2.根据课文第二段内容,说说北京胡同有几种命名方式。

3.根据课文内容,你想去看看北京的胡同吗?为什么?

第十五课 热情的陌生人

一位澳大利亚女孩在中国游历过很多地方，美丽的风景让她难忘，人们的热情好客更让她感动。

她在"Blondie in China"上记录下她的经历：我在北京的一条街道上，一边等出租车，一边看手机，抬起头发现对面有三个人正在看我。我对他们招手，他们在街对面也向我招手微笑，接着我们隔着马路聊天："你好！你是哪国人？""澳大利亚人！""哇！你中文说得这么好！"聊了几分钟后，其中一位阿姨问我要不要过去坐坐，喝些热水，我礼貌地告诉她："不好意思，我的车马上就到了。"那位阿姨走到我这边，手里握着一个装满热水的玻璃瓶子，送给了我。

说实话，我真没想到阿姨会送给我热水。我在中国生活了三年，在和人们的日常接触中，会经常感受到这种善良和真诚。实际上，这位阿姨在40℃高温的厨房里工作了很久，但她却还有精力关心街上一位陌生的外国人，这令我感动不已。

然而，这并不是故事的结尾。出租车来了，司机看我手里拿着一大瓶热水坐进车里，好奇地问："你拿这个干嘛？"我就把刚刚发生的事情告诉他，他接着问："你打算怎么喝这瓶热水？"我问他："您有没有茶叶？"他就把车停靠在路边，拿出茶叶，居然是西湖龙井！我把一些茶叶放入热水中，等它泡好后，我们一边在车上分享茶水，一边像孩子一样咯咯地笑。我笑是因为我刚刚经历了开心的事，他笑是因为他正在和一个外国女孩喝茶聊天。

这位澳大利亚女孩说，她在中国到处游览，遇到了很多有趣的人和事，人们的善良和友好让她心中充满感激。

西湖龙井
Xī Hú Lóngjǐng
Xihu Dragon Well tea is a variety of pan-roasted green tea from the area of Longjing, a village in Hangzhou, Zhejiang Province.

生　词

1.美丽	měilì	形(adj.)	beautiful
2.风景	fēngjǐng	名(n.)	scenery，view
3.好客	hàokè	动(v.)	to be hospitable
4.记录	jìlù	动/名(v./n.)	to record/record，note
5.抬	tái	动(v.)	to lift，to raise
6.对面	duìmiàn	名(n.)	opposite，across
7.招手	zhāoshǒu	动(v.)	(in greeting) to wave
8.微笑	wēixiào	动/名(v./n.)	to smile/smile
9.接着	jiēzhe	副(adv.)	then，immediately after that
10.隔着马路	gézhe mǎlù		on the each side of the road
11.礼貌	lǐmào	形/名(adj./n.)	polite/politeness
12.装	zhuāng	动(v.)	to load，to hold
13.玻璃	bōli	名(n.)	glass
14.实话	shíhuà	名(n.)	truth，true words
15.接触	jiēchù	动(v.)	to contact，to get in touch with
16.真诚	zhēnchéng	形(adj.)	sincere，genuine，true
17.厨房	chúfáng	名(n.)	kitchen
18.精力	jīnglì	名(n.)	energy
19.陌生	mòshēng	形(adj.)	strange，unfamiliar
20.结尾	jiéwěi	名/动(n./v.)	ending/to wind up
21.好奇	hàoqí	形(adj.)	curious
22.停靠	tíngkào	动(v.)	to stop，to dock
23.居然	jūrán	副(adv.)	unexpectedly，to one's surprise
24.到处	dàochù	副(adv.)	everywhere
25.游览	yóulǎn	动(v.)	to visit，to tour
26.友好	yǒuhǎo	形(adj.)	friendly
27.充满	chōngmǎn	动(v.)	to be full of，to fill with
28.感激	gǎnjī	名/动(n./v.)	gratefulness/to feel grateful

语言点例句

1.……接着……

(1)爸爸把我送到学校后,接着去公司上班。

(2)雨停了,接着太阳就出来了。

2.说实话,……

(1)说实话,我以前真没有接触过这么热情好客的人。

(2)说实话,他对这所大学并不满意。

3.……(但)却……

(1)胡同虽然不是新的建筑,但却非常有特色。

(2)这个地方很漂亮,但却没人知道。

4.……不已

(1)他的故事令我感动不已。

(2)他这个进球太精彩了,大家都兴奋不已。

5.居然

(1)她才十五岁,居然已经上大学了。

(2)真没想到这本书的作者居然是我同学。

课后练习

一、快速阅读课文,选择正确答案

1.根据上下文,"好客"的意思是什么? _____

　　A.对客人热情　　　　B.很好的客人　　　　C.对客人不好　　　　D.主人和客人

2.根据课文,阿姨送给"我"什么东西? _____

　　A.瓶子　　　　B.热水　　　　C.手机　　　　D.玻璃

3.根据课文,女孩在中国生活了多少年? _____

　　A.一年　　　　B.三年　　　　C.四年　　　　D.五年

4.根据课文,女孩在热水中放入什么? _____

　　A.茶叶　　　　B.咖啡　　　　C.花茶　　　　D.不知道

5.根据课文,女孩在哪里喝茶? _____

　　A.家里　　　　B.房间里　　　　C.马路上　　　　D.出租车上

6.文中的女孩儿对中国人是什么态度? _____

　　A.陌生　　　　B.好奇　　　　C.友好　　　　D.疏远

二、选词填空

美丽　　记录　　抬　　礼貌　　接触　　精力　　居然　　感激

1.老师讲课的内容，我们都要_____下来。

2.我十分_____大家对我的帮助。

3.学生要把主要_____用到学习上。

4.真想不到，我这次_____是第一名。

5.由于工作关系，我和他_____很多。

6.对父母、老师都要有_____。

7.我们很小心地把受伤的人_____上车。

8.小金：她长得真好看！

大卫：是呀，特别是她有一双_____的大眼睛。

三、根据课文填空

1.有一位澳大利亚女孩，她到过中国很多地方，不仅_____让她难忘，更让她_____的是人们的_____。

2.我在中国生活了三年，在和人们的_____中，会经常感受到这种_____和_____。

3.出租车司机看我手里拿着____满热水的_____瓶子坐进车里，特别_____。

4.司机把车_____在路边，拿出茶叶，_____是西湖龙井！我把一些_____放入热水中，等它泡好后，我们在车上_____这瓶茶水，像小孩子一样咯咯地笑。

四、理解语言点，完成句子

1.……接着……

我先打开书包，_____。

2.说实话，……

这道题，老师给我讲了半小时，可是_____，_____。

3.……(但)却……

他说过很多次要好好学习，_____。

4.……不已

好消息传来，_____。

五、根据课文判断对错

1.女孩到过中国的很多地方。　　（　　）

2.女孩很有礼貌。　　（　　）

3.女孩没有接受阿姨送的热水。　　（　　）

4.出租车司机很热情。　　（　　）

5.女孩和司机一块儿喝茶。　　（　　）

六、根据课文选择正确答案

1.根据第二段的这句话,以下哪种说法正确? _____

我在北京的一条街道上,一边等出租车,一边看手机,抬起头发现对面有三个人正在看我。

　　A."我"走在北京的街道上

　　B.街道对面的三个人在等出租车

　　C."我"在街边等车的同时看手机

2.文中第三段主要讲的是什么? _____

　　A."我"被阿姨感动的原因

　　B.阿姨在厨房工作

　　C."我"在中国的日常生活

3.根据第四段中的这句话,你觉得女孩当时的心情怎么样? _____

他就把车停靠在路边,拿出茶叶,居然是西湖龙井!

　　A.好奇

　　B.痛苦

　　C.惊讶

4.这篇文章主要告诉我们什么? _____

　　A.女孩在北京的生活

　　B.中国人的热情和善良

　　C.女孩和出租车司机一块喝茶

七、根据课文内容排序

　　A.我在北京的街道上等车

　　B.其中一位阿姨邀请我过去坐坐,但我没时间

　　C.我抬头发现对面有人看我

　　D.阿姨送我一瓶热水

　　E.我和他们招手聊天

　　F.司机给了我茶叶

　　G.我和出租车司机说了热水的故事

　　H.我和司机在车上分享茶水

　　I.车来了,司机对我拿着一瓶热水很好奇

正确顺序是_____

八、根据课文回答问题

1.课文中最能表达女孩想法的句子是什么?请抄写下来。

2.根据课文内容,请你说说女孩收到热水后为什么很感动。

3.你有没有和外国人接触的经历?请说一个你们之间的小故事。

第十六课　成都大熊猫基地一日游

来到成都一定要做的事情是什么呢？当然是去看熊猫啦！

昨天我和朋友一起去了成都大熊猫研究基地。基地位于成都东北部，是喜欢大熊猫的人一定要去的地方。在这里我们不仅见到可爱的大熊猫，还了解到很多关于它们的小知识。

基地最著名的地方是"太阳产房"。这里住着今年春天刚刚出生的熊猫宝宝。大熊猫大约每两年才生一次宝宝。刚出生的大熊猫大约只有 100 克，差不多一根香蕉的重量，仅仅是熊猫妈妈体重的千分之一。更神奇的是，它们刚出生时是粉色的，身上并没有黑毛，过半个月后才会慢慢长出黑色的软毛。

"太阳产房"外面，就是熊猫们晒太阳玩游戏的地方。一只大熊猫宝宝正在跟着妈妈学习爬树。饲养员，也就是照顾"熊孩子"生活的奶爸奶妈们，他们说，熊猫虽然看起来胖胖的，但十分擅长运动。一只成年的大熊猫可以爬上 20 米高的大树，遇到危险时奔跑速度极快，可达到每小时 30 公里以上！

在离"太阳产房"不远的地方，我们还看到著名的北川"女士"。北川是一只漂亮的大熊猫，吃东西的样子很讨人喜欢，被称为熊猫界的"白富美"，经常被拍照录像。你知道吗？大熊猫 99％的食物都是竹子，但它们吃下的竹子只有 17％能被消化吸收。因此大熊猫每天都要吃掉 12～38 公斤的竹子。它们每天花在吃上的时间长达 16 个小时。据说熊猫为了抓竹子，还长出第六根手指呢。

我和朋友都很喜欢这次大熊猫之旅。要是你也有机会去成都的话，一定要去看看可爱的它们！

成都
Chéngdū
Chengdu, the capital of Sichuan Province

北川
Běichuān
Beichuan, the name of a panda

生 词

1.研究	yánjiū	动(v.)	to study，to do research
2.基地	jīdì	名(n.)	base
3.位于	wèiyú	动(v.)	to be located at，situate
4.知识	zhīshi	名(n.)	knowledge
5.产房	chǎnfáng	名(n.)	delivery room
6.出生	chūshēng	动(v.)	to be born
7.克	kè	名(n.)	gram
8.重量	zhòngliàng	名(n.)	weight
9.体重	tǐzhòng	名(n.)	body weight
10.毛	máo	名(n.)	fur
11.长	zhǎng	动(v.)	to grow
12.软	ruǎn	形(adj.)	soft
13.晒	shài	动(v.)	to dry in the sun，to bask
14.饲养员	sìyǎng yuán	名(n.)	feeder，breeder
15.十分	shífēn	副(adv.)	very，extremely
16.擅长	shàncháng	动(v.)	to be good at，to be expert in
17.成年	chéngnián	动(v.)	to grow up
18.奔跑	bēnpǎo	动(v.)	to run
19.速度	sùdù	名(n.)	speed
20.达到	dádào	动(v.)	to reach，to attain
21.公里	gōnglǐ	名(n.)	kilometer
22.以上	yǐshàng	名(n.)	more than，over
23.女士	nǚshì	名(n.)	lady，madam
24.录像	lùxiàng	动(v.)	to video，to record on a videotape
25.竹子	zhúzi	名(n.)	bamboo
26.吸收	xīshōu	动(v.)	to absorb，to take in
27.手指	shǒuzhǐ	名(n.)	finger

语言点例句

1.位于……

(1)成都位于中国的西南方。

(2)我公司位于南城东街21号。

2.(百/千)分之……

(1)来这个国家旅游的人有百分之三十来自欧洲。

(2)全世界有千分之一的人会得这种病。

3.……的是，……

(1)我生病时，十岁的儿子不但能自己照顾自己，更令我感动的是，他还把房间打扫得干干净净。

(2)我们要带的东西很多，最重要的是，要把护照带上。

4.……以上/以下

(1)他身高在一米八以上。

(2)这件衣服的价格在一千元以下。

5.要是……的话，……

(1)要是明天下雨的话，我就不去超市了。

(2)要是你有时间的话，我们可以一起去看电影。

课后练习

一、快速阅读课文，选择正确答案

1.根据第二段这句话，我们可以知道什么？ _____

昨天我和朋友一起去了成都大熊猫研究基地。基地位于成都东北部，是喜欢大熊猫的人一定要去的地方。

  A.我们不喜欢熊猫   B.基地位于中国东北部

  C."我"和朋友去成都东北部看熊猫了 D.喜欢猫的人一定要去成都

2.第三段中"太阳产房"是什么意思？ _____

  A.太阳出生的地方   B.孩子出生的地方

  C.小猫出生的地方   D.刚出生的熊猫宝宝住的地方

3.根据第三段这句话，下面哪种说法正确？ _____

大熊猫大约每两年才生一次宝宝。刚出生的大熊猫大约只有100克，差不多一根香蕉的重量，仅仅是熊猫妈妈体重的千分之一。

A.刚出生的熊猫大概 0.1 公斤　　　　B.大熊猫一年生两个宝宝

C.刚出生的大熊猫长得跟香蕉一样　　D.熊猫妈妈大概 90 000 公斤

4.“饲养员,也就是照顾'熊孩子'生活的奶爸奶妈们",根据第四段这句话前后文,这句话中"熊孩子"指的是什么? _____

A.熊的宝宝　　　B.熊猫宝宝　　　C.很坏的孩子　　　D.长得像熊的孩子

5.根据第五段这句话前后文,这句话中"白富美"是什么意思? _____

北川是一只漂亮的大熊猫,吃东西的样子很讨人喜欢,被称为熊猫界的"白富美"。

A.北川有很多钱　　　B.北川不漂亮

C.北川身体全是白色的　　D.北川是一只又好看又可爱的"女"熊猫

6.根据第五段这句话,我们可以知道什么? _____

你知道吗,大熊猫 99％ 的食物都是竹子,但它们吃下的竹子只有 17％ 能被消化吸收。

A.大熊猫的食物都是竹子

B.大熊猫只能吃掉 17％ 的竹子

C.大熊猫主要吃竹子,但吃下的竹子很少能被消化和吸收

D.大熊猫不喜欢竹子

二、选词填空

奔跑　　达到　　吸收　　晒　　位于　　出生　　长　　软　　十分　　擅长

1.北京 _____ 中国的北部。

2.两年不见,你 _____ 高了很多。

3.这只猫的毛很 _____ ,很舒服。

4.这家店的衣服一点儿也不贵, _____ 便宜。

5.他每天都练习跑步,而且他的 _____ 速度特别快。

6.他和他女朋友已经 _____ 结婚年龄,可以结婚了。

7.这些都是水果,多吃点儿,很容易被身体 _____ 。

8.对老人来说,冬天多 _____ 太阳,对身体有好处。

9.大卫:你是哪国人?

小月:我是中国人,在北京 _____ 。

10.我非常喜欢运动,而且我 _____ 打篮球。

三、根据课文填空

1.大熊猫大约每两年才生一次宝宝。刚 _____ 的熊猫宝宝只有 100 _____ ,差不多一根香蕉的 _____ ,仅仅是熊猫妈妈体重的千分 _____ 。它刚出生的时候不是黑色的,身上没有黑毛,半个月后才会慢慢 _____ 出黑色的 _____ 毛。

2.熊猫虽然看起来胖胖的,但 _____ 擅长运动。一只 _____ 的大熊猫可以爬 20 米高的大树,当它遇到危险时, _____ 速度极快,可 _____ 每小时 30 公里 _____ 。

3.大熊猫 99％ 的食物都是 _____ ,但它们吃下的竹子只有 17％ 能被消化 _____ 。据说熊猫为了 _____ 竹子,还长出第六根 _____ 呢。

四、理解语言点，完成句子

1.位于……

图书馆＿＿＿＿＿＿＿＿＿＿＿学校的＿＿＿＿＿＿＿＿＿＿＿＿＿＿＿＿＿＿＿＿。

2.(百/千)分之……

我们学校男生比女生多，＿＿＿＿＿＿＿＿＿＿＿＿＿＿＿＿＿＿＿＿＿＿。

3.……的是，……

走路去上班不仅可以缓解交通压力，＿＿＿＿＿＿＿＿＿，＿＿＿＿＿＿＿＿＿＿＿＿。

4.……以上

这个商店的电脑有点儿贵，＿＿＿＿＿＿＿＿＿＿＿＿＿＿＿＿＿＿＿＿＿＿。

5.要是……的话，……

我要是明天生病的话，＿＿＿＿＿＿＿＿＿＿＿＿＿＿＿＿＿＿＿＿＿。

五、根据课文判断对错

1."太阳产房"里住着很多刚出生的小猫宝宝。　　（　　）

2.大熊猫很胖，不擅长运动。　　（　　）

3.大熊猫为了抓竹子，还长出第六根手指。　　（　　）

4.如果你喜欢熊猫，最好去成都大熊猫研究基地看熊猫。　（　　）

六、排列顺序

1.A.一个人要是经常心情不好的话

　B.会比较容易生病

　C.好心情对身体很重要

　＿＿＿＿＿＿＿＿＿＿＿

2.A.体重只有现在的五分之一

　B.她出生的时候很轻

　C.但她现在已经有二十多斤了

　＿＿＿＿＿＿＿＿＿＿＿

七、根据课文选择正确答案

1.根据第三段这句话前后文，我们可以知道什么？＿＿＿＿＿

更神奇的是，它们刚出生时是粉色的，身上并没有黑毛，过半个月后才会慢慢长出黑色的软毛。

　A.刚出生的熊猫是黑色的

　B.熊猫出生半个月后，慢慢长出粉色的毛

　C.刚出生的熊猫跟长大后熊猫的颜色不一样

2.根据第三段，作者最想介绍的是什么？＿＿＿＿＿

　A.介绍刚出生的熊猫宝宝的样子

　B.熊猫宝宝喜欢"太阳产房"

　C.熊猫宝宝刚出生时不是粉色的

3.根据第四段这句话,下面哪种说法正确? _____

一只成年的大熊猫可以爬上20米高的大树,遇到危险时奔跑速度极快,可达到每小时30公里以上!

A.熊猫宝宝可以爬20多米高的大树

B.成年熊猫可以爬很高的树,遇到危险时,跑得极快

C.熊猫遇到危险时,跑得很慢

4.根据第五段这两句话,我们可以知道什么? _____

因此大熊猫每天都要吃掉12～38公斤的竹子。它们每天花在吃上的时间长达16个小时。

A.刚出生的熊猫宝宝每天要吃掉38公斤的竹子

B.熊猫每天睡16个小时

C.大熊猫每天要吃掉很多竹子,需要吃很长时间

八、根据课文回答问题

1.你了解熊猫吗? 它是一种什么样的动物? 请介绍一下。

2.你喜欢熊猫吗? 为什么?

3.你最喜欢什么动物? 能介绍一下吗?

4.在你们国家,哪种动物最受人们欢迎? 为什么?

淳风趣俗

第十七课　科技怎样改变了春节

　　春节——中国人的新年，是中国最重要的传统节日。春节的历史已经有几千年了。科技出现后，我们庆祝春节的方式也在慢慢改变。

　　孩子们最喜欢过春节，因为他们能收到来自长辈们放了现金的红包。现在孩子们想得到红包，可能需要手机。因为从 2014 年开始，中国人每年都会在社交软件（微信、支付宝）上发出大量的电子红包。这种全新的发红包方式，很快受到年轻人的欢迎，也让家中长辈们感受到网络的便利。

　　除此之外，高铁的发展也大大减少了春运带来的交通压力。在春节前后的 40 天里，约 30 亿人次通过不同的交通方式出行，这段时期的交通就叫春运。如果 20年前我想从北京回到家乡厦门，不仅要提前很长时间排队买票，还要坐至少 30 个小时的火车。但是现在，我可以很轻松地通过网络买票，早上九点从北京出发，晚上就可以和爸妈一起吃饭。

　　吃完年夜饭，一家人一起看春晚，是中国过春节的新习俗。每年除夕夜都有超过 7 亿人在看春晚，这是世界上观看人数最多的节目。随着科技的发展，2019 年有 5 亿多的人在网络平台上观看春晚，电视也不再是唯一的选择。

　　春节有"走亲戚"的习俗，就是带着礼物看望亲戚。在过去互联网不发达的日子里，春节"走亲戚"正如字面意思，需要走出门。现在人们可以选择视频通话的方式，和不在身边的亲朋好友一起分享幸福和快乐。但也有人认为科技的发展冲淡了"年味儿"，我们总是花太多时间看着手机抢红包、发短信，从而忘记了和家人面对面聊天。

　　科技会不断发展，庆祝春节的方式也会一直变化。

春运
chūnyùn
Spring Festival travel rush：the travel season before，during，and after the Chinese New Year

年夜饭
niányèfàn
Chinese New Year's Eve dinner

春晚
chūnwǎn
Spring Festival Evening Gala

除夕夜
chúxī yè
Lunar New Year's Eve

尽管科技改变了我们的春节，但变的是形式，不变的是情感。不管我们怎样庆祝春节，只要和家人在一起，就是最好的新年。

生 词

1.庆祝	qìngzhù	动(v.)	to celebrate
2.改变	gǎibiàn	动(v.)	to change
3.长辈	zhǎngbèi	名(n.)	senior member of a family，elder
4.现金	xiànjīn	名(n.)	cash
5.软件	ruǎnjiàn	名(n.)	software
6.便利	biànlì	形(adj.)	convenient
7.高铁	gāotiě	名(n.)	high-speed railway
8.减少	jiǎnshǎo	动(v.)	to lessen，to reduce
9.人次	réncì	量(m.)	passenger transportation volume
10.出行	chūxíng	动(v.)	to go on a journey，to travel
11.家乡	jiāxiāng	名(n.)	hometown，native place
12.至少	zhìshǎo	副(adv.)	at least
13.轻松	qīngsōng	形(adj.)	relaxed，effortless
14.出发	chūfā	动(v.)	to depart，to set off
15.习俗	xísú	名(n.)	custom
16.唯一	wéiyī	形(adj.)	only，sole
17.看望	kànwàng	动(v.)	to pay a visit，to call on
18.互联网	hùliánwǎng	名(n.)	Internet
19.发达	fādá	形(adj.)	developed，advanced
20.字面	zìmiàn	名(n.)	literal
21.通话	tōnghuà	动(v.)	to communicate by the phone
22.亲朋好友	qīnpéng hǎoyǒu		friends and family
23.冲淡	chōngdàn	动(v.)	to dilute，to weaken
24.抢	qiǎng	动(v.)	to rob，to snatch
25.短信	duǎnxìn	名(n.)	text message
26.从而	cóng'ér	连(conj.)	thus，thereby，consequently
27.面对面	miànduìmiàn	副(adv.)	face to face
28.尽管	jǐnguǎn	连(conj.)	although
29.情感	qínggǎn	名(n.)	affection，love

语言点例句

1.除此之外

(1)他给了我一支笔,除此之外,还给了我一本书。

(2)通过这个活动,我认识了很多新朋友,除此之外,还学到很多新知识。

2.大大

(1)经过努力,他的成绩大大提高了。

(2)音乐大大地丰富了我的生活。

3.正如

(1)正如他所说,明天不上课。

(2)正如你想的那样,她确实生病了。

4.……,从而……

(1)老师让我们多练习对话,从而提高英语口语水平。

(2)她希望自己更活泼一些,多接触同学,从而交到更多的朋友。

5.尽管……但(是)……

(1)尽管这道题很难,但(是)我做对了。

(2)尽管下雨了,但(是)我还是想去踢足球。

课后练习

一、快速阅读课文,选择正确答案

1.根据第二段,孩子们为什么需要一个手机? _____

　　A.大人会在社交软件发电子红包　　　B.用红包里的现金买手机

　　C.要玩游戏　　　　　　　　　　　　D.需要跟朋友聊天

2.根据上下文,"高铁的发展也大大减轻了春运带来的交通压力"是什么意思?

_____

　　A.高铁给春运带来了很大的交通压力　　B.高铁使春运的交通压力变大

　　C.高铁使春运的交通压力变小　　　　　D.高铁使春节出行的人变多

3.20年前,从北京坐火车出发,至少要多久才能到厦门? _____

　　A.10小时　　　　B.20小时　　　　C.30小时　　　　D.40小时

4.根据第五段,在春节的时候,人们为什么总是忘记和家人聊天? _____

　　A.要给亲戚拜年　　　　　　　　　　B.要跟朋友见面

　　C.花太多时间排队买票　　　　　　　D.花太多时间用手机抢红包、发短信

5.以下哪个不是中国春节的习俗？ _____

　　A.发红包　　　　　B.走亲戚　　　　　C.看春晚　　　　　D.吃蛋糕

二、选词填空

　　　　　庆祝　　便利　　减少　　至少　　轻松　　看望　　出发

1.这个房子附近有地铁和公共汽车,交通非常_____。

2.老师生病了,我们打算明天去医院_____他。

3.晚上我们去中国饭馆帮中国朋友_____生日。

4.小月:今天好热啊!

　　小金:对啊,我觉得_____有35℃。

5.今年的成交额比去年_____了5％。

6.小陈:这次小明又考了第一名。

　　小王:他很聪明也很努力,考第一名对他来说很_____。

7.小明:请问去北京的火车几点_____?

　　小张:早上九点。

三、根据课文填空

1.春节的时候,_____们会把_____放在红包里给孩子们。

2.微信、支付宝这些社交_____可以发电子红包。

3.如果坐_____回到我的_____厦门,早上九点从北京出发,晚上就可以到了。

4.中国过春节有一个新_____,即一家人一起看春晚。

5.由于科技的发展,现在过春节的时候,人们总是花很多时间用手机_____红包,发_____,很少和家人_____聊天,因此有人认为"年味儿"被_____了。

四、根据课文判断对错

1.对中国人来说,最重要的节日是春节。　　　　　(　　)

2.现在孩子们不想要现金红包,只想要电子红包。　(　　)

3.春运,就是春节前后人们通过高铁出行。　　　　(　　)

4.世界上观看人数最多的节目是春晚。　　　　　　(　　)

5.以前过春节的时候,人们会带着礼物去看望亲戚。(　　)

五、理解语言点,完成句子

1.除此之外

妈妈在商店买了一件衣服,_____。

2.大大

参加这个汉语课程以后,我的汉语水平_____。

3.正如

小明猜他们可能是情侣,事实上,他们确实是情侣。(请用"正如"改写句子)

_____。

4.……,从而……

他不断努力,并抓住机会,_____。

5.尽管……但(是)……

①小明今天生病了。②小明今天去上学。(请把两个句子变成一个句子)

_____。

六、排列顺序

1.A.但我更喜欢小城镇的安静和舒适

　B.那里的生活节奏也慢很多

　C.尽管大城市很发达,交通也非常便利

_____

2.A.除此之外,森林大火也是一个重要原因

　B.近年来,森林的面积不断减少

　C.大量砍伐树木是最主要的原因

_____

七、根据课文选择正确答案

1.根据第三段的这段话,科技给春运带来便利,表现在哪些方面?(多选题)_____

如果 20 年前我想从北京回到家乡厦门,不仅要提前很长时间排队买票,还要坐至少 30 个小时的火车。但是现在,我可以很轻松地通过网络买票,早上九点从北京出发,晚上就可以和爸妈一起吃饭。

　A.网上购票

　B.乘坐高铁

　C.食物便宜

2.文中第五段,作者最想说明的是什么?_____

　A.科技给春节带来好的影响,也带来不好的影响

　B.现在人们过春节的时候不喜欢"走亲戚"

　C.人们春节的时候每天都视频聊天

3.根据最后一段的这段话,作者认为庆祝春节最重要的是什么?_____

科技会不断发展,庆祝春节的方式也会一直变化。尽管科技改变了我们的春节,但变的是形式,不变的是情感。不管我们怎样庆祝春节,只要和家人在一起,就是最好的新年。

　A.不断发展的科技

　B.不断变化的形式

　C.和家人一起庆祝

八、根据课文回答问题

1.请简单谈谈,科技改变了春节的哪些方面。

2.以前孩子们收到的红包是现金还是电子红包?现在呢?

3.高铁和春运有什么关系?

4.以前人们在哪儿看春晚？现在呢？

5."走亲戚"有几种形式？

6.为什么有人觉得"科技的发展冲淡了'年味儿'"？

7.你的国家最重要的节日是什么？有什么习俗？现在的习俗和过去的习俗有什么不同？

第十八课 抓周

抓周是中国的传统习俗，在孩子一周岁生日那天，把很多东西放在孩子前面，让孩子选择，通过孩子抓到的东西来预测他们长大后的性格或者职业。当然，父母不会当真，现在抓周更多的是一种乐趣。

今天是我儿子一岁生日。早上十点多，我就给儿子洗澡，然后给他换上红色的新衣服。很多亲戚和朋友也来了，他们给儿子带来很多礼物。我们邀请他们一起参加儿子的"抓周"仪式。

地上已经摆了很多东西，有笔、书、葱、苹果、鼠标、乒乓球、筷子、照相机、车钥匙，每一个东西都有独特的含义。比如，抓到"葱"表示孩子长大后会很聪明；拿到"鼠标"表示他未来可能从事电脑方面的工作；拿到"乒乓球"，他可能会当运动员。我仔细地数了一下东西，一共17个。我觉得这个数字不太好，因为中国人喜欢双数。于是，我让丈夫打开钱包，拿出一张百元钞票，放在地上。我问丈夫希望儿子抓到什么，他说这只是个游戏罢了，不管抓到什么都无所谓，只要儿子健康快乐就好。

东西都准备好了，我儿子开始往前爬。他今天特别兴奋，很快地向前爬着，这里看看，那里瞧瞧，最后，拿起离他最近的一本书。爷爷很开心，因为那本书是他放的，也是他写的。他是很有名的大学老师，希望孙子长大后也跟他一样从事研究工作。儿子看到爷爷笑了，就想站起来到爷爷那里去。但他还不太会走路，一站起来，就摔倒，手里的书也掉了。儿子趴在地上哭了起来，我赶紧抱起来安慰他。这时，丈夫突然惊讶地说："你们看，他手里抓着什么？"大家看了以后都不禁大笑起来，原来，儿子摔倒的时候，手里恰巧抓到那张"一百元"。

抓周
zhuāzhōu
a Chinese custom of placing a variety of articles (e. g. writing brush and abacus in the old days) before an infant on his or her first birthday to see which one he or she picks up (the article chosen is supposed to be an indication of the child's inclinations, future, career, etc.)

大家笑着说："这孩子长大后一定很有'钱'途（前途）啊！"

生 词

1.周岁	zhōusuì	名(n.)	one full year of life
2.预测	yùcè	动(v.)	to predict，to forecast，to calculate
3.性格	xìnggé	名(n.)	character，personality
4.当真	dàngzhēn	动(v.)	to take seriously
5.仪式	yíshì	名(n.)	ceremony，rite
6.摆	bǎi	动(v.)	to put，to place，to set in order
7.葱	cōng	名(n.)	green onion，spring onion，scallion
8.鼠标	shǔbiāo	名(n.)	mouse（of computer）
9.乒乓球	pīngpāngqiú	名(n.)	table tennis，ping-pong
10.钥匙	yàoshi	名(n.)	key
11.独特	dútè	形(adj.)	unique，distinctive
12.含义	hányì	名(n.)	meaning，implication，connotation
13.表示	biǎoshì	动(v.)	to express，to mean
14.未来	wèilái	名(n.)	future
15.从事	cóngshì	动(v.)	to engage in
16.方面	fāngmiàn	名(n.)	field，aspect，respect
17.仔细	zǐxì	形(adj.)	careful，meticulous
18.钱包	qiánbāo	名(n.)	wallet，purse
19.钞票	chāopiào	名(n.)	banknote，paper money
20.瞧	qiáo	动(v.)	to look，to see
21.孙子	sūnzi	名(n.)	grandson
22.摔倒	shuāidǎo		to fall down，to tumble
23.赶紧	gǎnjǐn	副(adv.)	hurriedly，speedily，on the double
24.抱	bào	动(v.)	to hold in the arms，to hug
25.安慰	ānwèi	动(v.)	to comfort，to console
26.不禁	bùjīn	副(adv.)	can't help（doing sth.）
27.恰巧	qiàqiǎo	副(adv.)	by chance，by coincidence
28.前途	qiántú	名(n.)	future，prospect

语言点例句

1.(只是)……罢了

(1)他只是在开玩笑罢了,别当真。

(2)他没生病,只是昨晚睡得很晚,今早不想起床罢了。

2.无所谓

(1)我问小金喜欢吃什么,小金说,只要不辣,吃什么都无所谓。

(2)衣服贵点儿无所谓,重要的是质量要好。

3.跟……一样＋V/adj.

(1)昨天跟今天一样热。

(2)她跟我一样喜欢看中国的电影。

4.不禁

(1)看到孩子这么可爱,妈妈不禁笑了起来。

(2)看到这张照片,我不禁想起了我的同学们。

5.恰巧

(1)上周我去国外旅游,在飞机上恰巧遇到汉语老师,她就坐在我后边。

(2)中午我想做豆腐汤,恰巧冰箱里有一块豆腐。

课后练习

一、快速阅读课文,选择正确答案

1.一个中国孩子出生于 2020 年 5 月 26 日,父母应该在什么时候办抓周仪式? _____

　　A.2021 年 1 月 1 日　　　　　　　　B.2021 年 12 月 24 日

　　C.2020 年 12 月 25 日　　　　　　　D.2021 年 5 月 26 日

2.根据第二段,"我"给儿子穿了什么颜色的新衣服? _____

　　A.蓝色　　　　　　B.白色　　　　　　C.红色　　　　　　D.黑色

3.根据第三段,最后地上一共摆了多少个东西? _____

　　A.17　　　　　　B.18　　　　　　C.19　　　　　　D.20

4.根据第三段,丈夫希望儿子抓到什么? _____

　　A.笔　　　　　　B.钱　　　　　　C.书　　　　　　D.都可以

5.根据上下文,第四段的"孙子"指的是 _____ 。

　　A."我"的儿子　　　B.亲戚的儿子　　　C.爷爷的儿子　　　D.朋友的儿子

6.根据第四段,书是谁放的? _____

　　A.朋友　　　　　B.丈夫　　　　　C.爷爷　　　　　D.亲戚

7.根据上下文,你觉得这个孩子未来可能从事什么方面的工作? _____

　　A.商业　　　　　B.饮食　　　　　C.电脑　　　　　D.体育

二、请找出下列词中相同的字,查字典写出它们的意思

1.预测　预习　预防　　_____

2.赶紧　赶快　赶路　　_____

3.恰巧　巧遇　巧合　　_____

三、选词填空

　　　　　当真　　摆　　表示　　仔细　　赶紧　　安慰　　抱

1.妈妈让我_____起床,还有半小时就要上课了。

2.那个_____着孩子的男人是我的丈夫。

3.考试的时候,要_____看题。

4.我知道他很喜欢开玩笑,所以他说的话我都不会_____。

5.放学后,老师让我们把教室里的桌子_____好再回家。

6.小金的猫不见了,他很难过,我昨天一直在_____他。

7.如果通过 HSK6 级考试,就_____汉语水平非常高。

四、根据课文填空

1.抓周是中国的传统习俗,在孩子一_____那天举办仪式。

2.根据传统,孩子抓到的东西可以_____他们长大后的职业或者_____。

3.我们在地上_____了很多东西,每一个东西都有它的_____。

4.爷爷放了一本书,因为他想让_____和他一样,以后也从事研究工作。

5.儿子还不太会走路,一站起来,就_____了,所以书也掉了。

五、请为左边的物品选择可能对应的职业或者性格

1.书　　　　　　A.聪明

2.葱　　　　　　B.运动员

3.鼠标　　　　　C.电脑方面

4.钱　　　　　　D.老师

5.乒乓球　　　　E.商人

六、理解语言点,完成句子

1.(只是)……罢了

他其实年纪很大了,_____。

2.无所谓

小张:今晚你想去哪儿吃饭?

大卫:_____,只要有空调就行,今天太热了。

3.跟……一样＋V/adj.

①小明去过北京。②小红去过北京。（请把两个句子变成一个句子）

_____。

4.不禁

这本小说太令人难过了，_____。

5.恰巧

上班的时候突然肚子疼，_____。

七、排列顺序

1.A.真的吗？他没生病吗

　B.真的,他只是不想学习罢了

　C.别当真,他并没有生病

　D.小明说她生病了,怎么办

_____

2.A.那就好,不然你可能就生病了

　B.那怎么办

　C.我昨天去上班的时候突然下雨了,我没带雨伞

　D.恰巧路边有一个商店,所以我就买了一把雨伞

_____

八、根据课文选择正确答案

1.根据第三段这段话,丈夫为什么拿出一张百元钞票? _____

我仔细地数了一下东西,一共 17 个。我觉得这个数字不太好,因为中国人喜欢双数。于是,我让丈夫打开钱包,拿出一张百元钞票,放在地上。

　A.中国人更喜欢双数

　B.丈夫不喜欢"17"这个数字

　C.我觉得 17 个东西太少了

2.根据第三段的这句话,我们可以知道什么? _____

我问丈夫希望儿子抓到什么,他说这只是个游戏罢了,不管抓到什么都无所谓,只要儿子健康快乐就好。

　A.丈夫希望儿子抓到钱

　B.丈夫希望儿子健康快乐

　C.丈夫希望儿子很聪明

3.根据第四段这段话,以下哪个选项不正确? _____

儿子看到爷爷笑了,就想站起来到爷爷那里去。但他还不太会走路,一站起来,就摔倒,手里的书也掉了。儿子趴在地上哭了起来,我赶紧抱起来安慰他。

　A.儿子想向爷爷走去

　B.因为书掉了,所以儿子摔倒了

　C.因为儿子哭了,所以我把他抱了起来

九、根据课文回答问题

1.请你简单谈谈这篇文章中提到的中国文化。

2.请谈谈在你的国家,有什么关于孩子的习俗。

3.最后一段中"这孩子长大后一定很有'钱'途(前途)啊"是什么意思?

第十九课　好运与忌讳

每个国家都有自己的风俗习惯，中国人提倡入乡随俗，到一个地方，就适应当地的习俗。如果你打算去中国，也最好了解一下中国人日常生活中的风俗。

首先来谈谈数字，中国人有自己的幸运数字和忌讳数字。很多中国人选择电话号码、车牌号码，或者选择楼层时，喜欢选"6"和"8"。"6"表示顺利，"8"表示发财。"6"除了表示顺利以外，人们还喜欢在网络上用"666"来表示"很棒""了不起"的意思。

人们认为最不吉利的数字是"4"。在中国，有些大楼是不写"4"楼的，人们会选择用"3A"楼来代替，或者干脆就没有4楼，直接跳到5楼。这是因为在中文的发音中，"4"的发音与"死"的发音相似，中国人普遍忌讳这个字。

其次来谈谈颜色，色彩也有不同的含义。很多国家的国旗用不同的颜色来代表不同的含义。比如，波兰的国旗是白色和红色，其中一种解释是代表纯洁和勇敢。你知道这两种颜色在中国代表什么吗？

遇到结婚、开业、新年等，人们庆祝的时候，喜欢穿红色的衣服或者用红色的搭配，环境的装饰也多用红色，因为红色代表喜庆、好运。婚礼上，新娘会准备好几套衣服，但一定会穿一套红色的裙装。

在中国的传统中，白色是用在葬礼上的，逝者的家人一定要穿白色的孝服。在现代中国，有的地方保留着传统的风俗，有的地方改穿黑色的衣服，胸前戴白花。参加别人的葬礼，要么穿黑色的，要么穿色彩暗淡的，不能穿红色或者其他色彩鲜艳的衣服。

中国人还会在某些特定的时候，为得到好运而做一些事情。比如，春节穿新衣，本命年穿红色的袜子或内

入乡随俗
rùxiāng-suísú
conform to local customs,
do as Romans do

忌讳
jìhuì
taboo

葬礼
zànglǐ
funeral

逝者
shì zhě
the deceased

孝服
xiàofú
mourning clothes

本命年
běnmìngnián
It refers to the other years which have the same zodiac as the year in which one was born and is based on a twelve-year cycle.

裤，这些都是对好运、吉祥的盼望。在你的国家，也有跟中国相似的风俗吗？

生 词

1.提倡	tíchàng	动(v.)	to advocate, to promote
2.首先	shǒuxiān	代(pron.)	first
3.幸运	xìngyùn	形(adj.)	lucky, fortunate
4.号码	hàomǎ	名(n.)	number
5.顺利	shùnlì	形(adj.)	smooth
6.发财	fācái	动(v.)	to make a fortune
7.干脆	gāncuì	形(adj.)	simply, just
8.直接	zhíjiē	形(adj.)	direct, immediate
9.死	sǐ	动(v.)	to die
10.相似	xiāngsì	形(adj.)	similar
11.普遍	pǔbiàn	形(adj.)	universal, common
12.其次	qícì	代(pron.)	next, second
13.色彩	sècǎi	名(n.)	color
14.国旗	guóqí	名(n.)	national flag
15.解释	jiěshì	动(v.)	to explain
16.纯洁	chúnjié	形(adj.)	pure
17.勇敢	yǒnggǎn	形(adj.)	brave, courageous
18.搭配	dāpèi	动(v.)	to match
19.装饰	zhuāngshì	名/动(n./v.)	decoration/to decorate
20.婚礼	hūnlǐ	名(n.)	wedding
21.新娘	xīnniáng	名(n.)	bride
22.套	tào	量(m.)	set, suite
23.戴	dài	动(v.)	to wear (accessories)
24.暗淡	àndàn	形(adj.)	dim (light), dull (color)
25.鲜艳	xiānyàn	形(adj.)	bright-colored
26.特定	tèdìng	形(adj.)	specific
27.袜子	wàzi	名(n.)	socks
28.吉祥	jíxiáng	形(adj.)	lucky, propitious
29.盼望	pànwàng	动(v.)	to look forward to

语言点例句

1.首先……，其次……

(1)学外语首先要多听，其次要多说，坚持下去一定能学好。

(2)不管你做什么事情，首先应该知道为什么要做，其次要知道怎么做。

2.要么……要么……

(1)我打算去中国留学，要么去北京，要么去上海。

(2)我一般是周末去健身房锻炼，要么是周六，要么是周日。

3.某……

(1)我几乎把她忘记了，可是在某些时候还是会想起她。

(2)我好像在某个地方见过她，可是想不起来她是谁。

4.为(了)……而……

(1)他为了成为专业电竞选手而日复一日地努力训练。

(2)她为了给孩子看病而花完了所有的钱。

5.跟(与)……相似

(1)在你学汉语之前，你是不是觉得汉语跟日语很相似？

(2)我跟你的经历相似，都去中国留过学。

课后练习

一、快速阅读课文，选择正确答案

1.根据上下文，第一段中词语"风俗"的意思是什么？ _____

    A.人们的习惯   B.忌讳   C.爱好   D.数字

2.根据上下文，第二段中词语"幸运"的意思是什么？ _____

    A.好   B.不好   C.不好也不坏   D.特别差

3.小王：我参加过"中国好声音"歌唱比赛。

    小李：666！

根据课文，这里的"666"是什么意思？ _____

    A.别说了   B.太棒了   C.祝你顺利   D.你真是个坏人

4.第三段中的词语"吉利"是什么意思？ _____

    A.害怕的   B.死的   C.有好运的   D.成功的

5.根据课文，结婚的时候，新娘一定会准备一套什么颜色的礼服？ _____

    A.白色   B.红色   C.黑色   D.鲜艳色

6.按照中国的传统,有人死了的时候,家人一般穿什么颜色的衣服? _____

    A.黑色   B.白色   C.红色   D.其他暗淡色

7.根据课文,中国人在春节穿新衣服是为了什么? _____

    A.抢到红包   B.感谢家人   C.快乐   D.得到好运

二、请找出下列词中相同的字,查字典写出它们的意思

1.风俗 习俗 入乡随俗   _____

2.好运 幸运 运气   _____

3.吉祥 吉利 吉庆   _____

三、选词填空

直接   普遍   套   某   戴

1.在中国结婚时,新娘一般会准备一_____红色礼服,头上_____红花。

2.在中国,人们_____爱吃火锅。

3.再见了朋友,也许在未来的_____一天,我们会再见面。

4.天冷了,出门别忘了_____帽子。

5.老师,别复习 HSK3 的词语了,我们_____学习 HSK4 吧。

四、根据课文填空

1.这篇文章_____谈的是数字文化,_____谈的是颜色文化,不同的数字和不同的颜色在中国代表不同的含义。

2.对中国人来说,"6"和"8"是_____数字,"4"是不_____的数字,因为"4"的发音_____。

3.在中国参加葬礼,人们_____穿色彩暗淡的衣服,_____穿黑色的,胸前____白花,不能穿色彩_____的衣服。

4.中国人还会在_____的时候,_____得到好运而做一些事情。

五、理解语言点,完成句子

1.首先……,其次……

小金:怎么跟中国人交朋友呢?

小月：_____,_____。

2.要么……,要么……

妈妈对儿子说:"_____,不可以出去玩儿。"

3.某……

也许在未来的某一天,我们_____。

4.为了……而……

如果她继续工作,孩子就没有人照顾,于是她_____。

5.跟……相似

这里的建筑_____,到这里就好像到了中国。

六、排列顺序

1. A.但有智慧的人一定能找到解决难题的办法

   B.知识和智慧两者是不同的

   C.一个人知识丰富并不意味着能解决人生的难题

   _____

2. A.要常常观察别人身上好的方面

   B.当我们与别人相处时

   C.自己才能不断地进步

   _____

七、根据课文选择正确答案

1. 根据第一段,作者最想说明的是什么? _____

   A.每个国家有自己的习惯

   B.入乡随俗就是适应当地的习俗

   C.去中国的话,应该了解中国的风俗文化

2. 根据下文,你觉得作者接着要说什么? _____

   交际能力是我们跟同事、朋友、家人交流时用到的重要能力,它主要包括以下两个方面:理解别人和与对方完成语言对话的能力。这种能力的养成不是一两天就能完成的,而要我们在日常生活中慢慢地锻炼自己。怎么做才能更好地获得这种能力呢?

   A.获得交际能力的方法

   B.交际能力需要慢慢地锻炼

   C.交际能力是什么

3. 根据课文第三段的句子,以下说法哪些正确?(多选题)_____

   在中国,有些大楼是不写"4"楼的,人们会选择用"3A"楼来代替,或者干脆就没有4楼,直接跳到5楼。

   A.中国的大楼都不写"4"楼

   B.有的大楼是用"3A"楼代替"4"楼

   C.有的大楼是用"5"楼代替"4"楼

4. 根据第五段的句子,人们在庆祝节日或婚礼时,为什么穿红色的衣服? _____

   遇到结婚、开业、新年等,人们庆祝的时候,喜欢穿红色的衣服或者用红色的搭配,环境的装饰也多用红色,因为红色代表喜庆、好运。

   A.为了让环境看起来好看

   B.因为红色容易搭配其他颜色

   C.人们认为红色能带来好运

5. 根据课文第六段,我们可以知道什么?(多选题)_____

   A.传统中国,逝者的家人穿白色的孝服

   B.人们在参加葬礼时穿的衣服颜色都是一样的

   C.现代中国,逝者的家人可以穿黑色的衣服,胸前戴白花

八、根据课文完成表格

文化风俗	分类	例子	使用场合	含义
数字		6		
		8	电话号码、车牌号码、楼层等	
	忌讳数字	4	有的楼层没有"4"层	
颜色	鲜艳色	红色		
		不是鲜艳色，如灰色		伤心、难过
		白色黑色		

九、根据课文回答问题

1.为什么提倡入乡随俗？如果想去中国，应该了解什么？

2.作者首先谈到两种数字，是哪两种？你能举例说出它们的含义吗？

3.作者接下来谈到什么习俗？人们什么时候用红色，什么时候用白色？

4.在你们国家，有没有跟中国相似或不同的风俗文化？请写一篇两百到三百字的小作文。

第二十课　多远的距离最美

天气冷时，刺猬会靠近对方取暖，为了不让对方受伤，会保持距离。像刺猬一样，人类交往也有空间距离，爱德华·霍尔博士专门研究了这种现象，他把人际交往中的空间距离分成以下四类：

一，亲密距离，0.5米左右，主要出现在亲密关系的人们之间；

二，个人距离，1.2米，与亲戚或者好友之间；

三，社交距离，3米，适合于工作中人与人之间；

四，公众距离，4米，适合于公共场合中人与人之间。

由于文化不同，不同国家人们对人际交往中空间距离的理解不一样。亚洲、非洲和欧洲一些国家的人的空间距离比较近。比如，中国的社交距离和个人距离都比较近，很多中国人挤在一起吃饭，会觉得很亲近，并不感到难受；在中国，女性朋友经常手拉手一起走路，这是好朋友们之间的正常行为，家人朋友们不会觉得奇怪，但可能被外国人误会，以为是比较特殊的关系；再如，西班牙人交谈时往往站得很近，当他们跟美国人说话时，西班牙人认为合适的个人距离，对美国人来说可能是不合适的。

美国和英国在人际交往中的空间距离比较远。美国人不喜欢跟人靠得太近。比如，美国人在北京坐地铁时可能会有些不舒服，上下班时比较拥挤，地铁上人跟人之间距离不到一米，有时甚至更近；英国人聊天时也不喜欢跟人靠得太近，当英国人和一个意大利人聊天，意大利人就一直"前进"，而英国人一直"后退"。其实，他们都只是想保持让自己舒服的个人距离。

在人际交往的空间距离上，不同的国家有不同的文

爱德华·霍尔
Àidéhuá Huò'ěr
Edward Twitchell Hall, Jr. was an American anthropologist and cross-cultural researcher.

亚洲
Yàzhōu
Asia
非洲
Fēizhōu
Africa
欧洲
Ōuzhōu
Europe
西班牙
Xībānyá
Spain
美国
Měiguó
United States of America，USA
英国
Yīngguó
United Kingdom
意大利
Yìdàlì
Italy

化习惯。每个人在社交中要注意把握"距离"，不要太近，也不要太远，让自己和对方都觉得舒服、安全的距离才是最好的，这也是维持友谊的一种方法。

在你们国家，人们的社交距离有多远？

生 词

1.刺猬	cìwei	名(n.)	hedgehog
2.对方	duìfāng	名(n.)	the other side，the other party
3.受伤	shòushāng	动(v.)	to be hurt，to be injured
4.距离	jùlí	名(n.)	distance
5.交往	jiāowǎng	动(v.)	to associate，to contact
6.空间	kōngjiān	名(n.)	space
7.博士	bóshì	名(n.)	doctor（academic degree）
8.现象	xiànxiàng	名(n.)	phenomenon
9.以下	yǐxià	名(n.)	the following
10.亲密	qīnmì	形(adj.)	close，intimate
11.左右	zuǒyòu	名(n.)	around
12.适合	shìhé	动(v.)	to suit，to fit
13.场合	chǎnghé	名(n.)	occasion，situation
14.由于	yóuyú	介(prep.)	because of，due to
15.难受	nánshòu	形(adj.)	uncomfortable，sad，unhappy
16.手拉手	shǒu lā shǒu		hold hands，hand in hand
17.正常	zhèngcháng	形(adj.)	normal，regular
18.误会	wùhuì	动/名(v./n.)	to misunderstand/misunderstanding
19.以为	yǐwéi	动(v.)	to think，to believe
20.再如	zài rú		for another example
21.往往	wǎngwǎng	副(adv.)	often，usually
22.合适	héshì	形(adj.)	suitable，fit
23.拥挤	yōngjǐ	形(adj.)	crowded，congested
24.把握	bǎwò	动/名(v./n.)	to control，to grasp/assurance，confidence
25.安全	ānquán	形(adj.)	safe，secure
26.维持	wéichí	动(v.)	to keep，to maintain，to preserve

语言点例句

1.以下(上)……

(1)44,66,88,99,在以上数字中,哪些是吉利数字?

(2)以下哪个动物被称为中国的"国宝"? A.熊猫　B.小猫　C.老虎　D.刺猬

2.由于……(因此)……

(1)由于下大雪,校车没按时来,因此一些学生迟到了。

(2)由于他学习特别努力,(因此)他的学习成绩非常好。

3."以为"和"认为"

(1)没想到你是西班牙人,我还以为你是意大利人。

(2)他的英语是美音,所以我认为他是美国人。

(3)我以为他不来了,结果他还是来了。

(4)他今天生病了,所以我认为他不会来上课。

4.……;再如,……

(1)春节有"迎新"的习俗,比如家家都要打扫房子,与过去说再见;再如,人人都要穿新衣服,以庆祝新年的到来。

(2)学习汉语的方法很多,比如,你可以看汉语书、看中国电影;再如,你也可以和中国人聊天。

5.往往

(1)年轻人往往更喜欢去大城市。

(2)下雨天往往不容易打到出租车。

课后练习

一、快速阅读课文,选择正确答案

1.根据上下文,第一段中"取暖"可能是什么意思? _____

　　A.使身体变冷　　　　B.使身体受伤　　　　C.使身体暖和　　　　D.使身体保持距离

2.根据上下文,空间距离分为四种,其中第二种"个人距离"大概是多远? _____

　　A.0.7 米　　　　　　B.2.8 米　　　　　　C.4.2 米　　　　　　D.1.1 米

3.根据上下文,空间距离分为四种,其中第三种"社交距离"是什么距离? _____

　　A.亲密关系人们之间的距离　　　　　　B.亲戚或者好友之间的距离

　　C.公众场合的人们之间的距离　　　　　　D.工作中的人们之间的距离

4.根据课文中的句子，"很多中国人挤在一起吃饭，会觉得很亲近"中"亲近"是什么意思？_____

  A.好   B.挤   C.亲密   D.难受

5."当英国人和一个意大利人聊天，意大利人就一直'前进'，而英国人一直'后退'"，这句话是什么意思？_____

  A.意大利人喜欢走着路聊天   B.英国人不喜欢聊天

  C.意大利人聊天时的个人距离比较近 D.英国人聊天时的个人距离比较近

二、选词填空

受伤 难受 安全 正常 往往 拥挤 适合 合适 交往

1.他昨天_____了，今天不能去工作。

2.他不喜欢和人_____。

3.我觉得这份工作特别_____我。

4.他知道事情做错了，很_____。

5.他今天的行为和平时不一样，很不_____。

6.在中国，人们交谈时_____会站得很近。

7.这是一份_____的礼物，很适合他。

8.上下班时间的地铁人很多，很_____。

9.中国很_____，不用担心。

三、根据课文填空

1._____文化不同，不同国家人们的人际交往空间距离不一样。很多中国人挤在一起吃饭，会觉得很亲近，不会感到_____；中国女性朋友手拉手一起走路，外国人可能会_____她们，_____她们是比较特殊的关系。

2.西班牙人交谈时_____站得很近，西班牙人认为_____的个人距离，但不_____美国人。

3.不同国家的人在社交中要注意_____距离，不要太近，也不要太远，让双方都觉得舒服、_____的距离是最适合的，这是一种_____友谊的方法。

四、理解语言点，完成句子

1.以下……

学校运动会下周开始，除了_____：张明、王海、李丽，还有其他同学要报名参加吗？

2.由于……（因此）……

小金：你今天为什么没去学校？

小陈：_____。

3.……以为……

_____，没想到她已经五十多岁了。

4.……；再如，……

学习英语的方法很多，比如，你可以上英语课、看英语书；_____。

5.往往

小月：在大城市买房子好还是在小城市买好呢？

小金：看价格，_____。

五、排列顺序

1.A.我常常去北京出差

　　B.由于工作关系

　　C.因此对北京很熟悉

　　_____

2.A.我以为他是你的男朋友

　　B.没想到他只是你的同学

　　C.我看到那张你和男生的照片

　　_____

六、根据课文选择正确答案

1.根据第一段，作者最想说明的是什么？ _____

　　A.刺猬会保持一点儿距离

　　B.人类的交往有空间距离

　　C.爱德华·霍尔博士专门研究了刺猬之间保持距离的现象

2.关于"在中国，女性朋友经常手拉手一起走路"，下面哪个说法是正确的？ _____

　　A.外国人觉得是正常行为

　　B.中国人觉得奇怪

　　C.外国人认为她们是比较特殊的关系

3.对于人际交往的空间距离，不同的国家有不同凹特点，下面哪个说法正确？ _____

　　A.美国人喜欢拥挤的地铁

　　B.当一个英国人和意大利人聊天时，英国人喜欢靠得很近

　　C.意大利人与别人聊天时，往往离对方很近

4."让自己和对方都觉得舒服、安全的距离才是最好的"，通过这句话，我们可以知道什么？ _____

　　A.让对方觉得舒服的距离才是安全的

　　B.让自己觉得舒服的距离才是最好的

　　C.应该让自己和对方都觉得舒服和安全

七、根据课文回答问题

1.人类交往的空间距离分为哪几类？你能详细解释一下吗？

2.中国、意大利和西班牙国家的人在人际交往中的空间距离近吗？为什么？如何和他们交谈？

3.美国和英国两个国家的人在人际交往中的空间距离远吗？和他们交谈时要注意什么？你知道还有哪些国家的人在人际交往中的空间距离比较远？

4.谈谈你们国家人们的社交距离，和中国人的社交距离有什么相同和不同之处。

下 册

Chinese Reading Materials
For Nor-Chinese Speaking Learners

国际 中文 阅读教材

主　　编：赵　梅

副 主 编：宋思雨　张佳曼

英文审校：Kai Yung Brian Tam（谭继镛）

编写成员：赵　梅　宋思雨　张佳曼　徐婉青

　　　　　余珂欣　郭媛媛　段晓莉　田宇晴

厦门大学出版社　国家一级出版社
XIAMEN UNIVERSITY PRESS　全国百佳图书出版单位

下册目录

作客中国

科技潮流

国潮之光

古韵风华

文化记忆

作客中国

第一课 你睡午觉吗

关于睡午觉,中国现在流行一句话,叫"中午不睡,下午崩溃",意思是中午不睡午觉,下午很难专心工作或学习。从这句流行语可以看出,午觉对中国人很重要。很多外国朋友来到中国,对中国人有午睡习惯这件事感到很惊讶,因为大部分国家的人没有午睡传统,况且他们也不喜欢睡午觉,午睡对他们来说是一件很神奇的事情。来自英国的大卫介绍说,在英国,人们一般午饭后喝杯咖啡,然后就去工作或者学习。

为什么中国人有午睡的习惯?一方面,这跟中国人的饮食习惯有很大的关系:一日三餐中,中国人最重视午餐,午餐一般以面和米饭为主食,大量的米面会导致体内产生很多糖类,这些糖类正是我们吃饱饭后觉得困的主要原因。跟中国人的午餐比起来,外国人的午餐中米面较少,一些人的午餐以肉类为主食,或者是简单的三明治、沙拉。另一方面,午睡跟中国人的养生方式有一定的关系:中医认为睡"子午觉"是一种养生方式,其中的"午"指白天午时(11:00—13:00),这个时间段入睡能给身体带来很多好处。科学研究表明,睡午觉可以使人精力充足,缓解身体疲劳,提高工作效率;另外,还能减少压力,降低疾病风险,有利于身心健康。

尽管睡午觉有很多好处,但要注意三个问题:首先,睡眠时间尽量控制在半小时以内,时间太长会导致晚上入睡困难,影响整体睡眠质量。有的人一睡时间将近三个小时,这就不算"午觉"了。其次,最好不要一吃完饭就午睡。刚吃完饭,人的消化系统还在工作,这个时候入睡会影响消化功能,不利于身体健康。专家建议午睡之前先适当运动一下,这样有利于食物消化,俗话说

崩溃
bēngkuì
collapsed, crumbled

养生
yǎngshēng
To maintain good health. (It originally refers to a kind of medical activity of Taoism to strengthen physique and prevent diseases through various methods to prolong life.)

子午觉
zǐwǔjiào
sleep before 11pm and take a short nap (30 minutes to one hour) in the afternoon ("zǐ" is from 11pm to 1am, "wǔ" is from 11am to 1pm.)

"饭后百步走，活到九十九"，就是鼓励人们饭后散散步，走走路。最后，尽量选择安静、舒适的午休环境，这有利于提高睡眠质量。

　　适当的午睡好处很多，但是没有午睡的习惯，也不必勉强，听听歌，喝杯茶或咖啡，找朋友和同事聊聊天也是不错的选择。

饭后百步走，活到九十九
fàn hòu bǎi bù zǒu, huó
dào jiǔshíjiǔ.
Take a walk after each
meal and you will live a
long life.

生　词

1.午觉	wǔjiào	名(*n.*)	a nap after lunch
2.专心	zhuānxīn	形(*adj.*)	concentrated, attentive
3.重视	zhòngshì	动(*v.*)	to pay attention to, to attach importance to
4.主食	zhǔshí	名(*n.*)	main dish
5.导致	dǎozhì	动(*v.*)	to lead to, to bring about, to cause
6.产生	chǎnshēng	动(*v.*)	to emerge, to generate, to produce
7.困	kùn	形(*adj.*)	sleepy
8.中医	zhōngyī	名(*n.*)	traditional Chinese medicine
9.入睡	rùshuì	动(*v.*)	to fall asleep
10.好处	hǎochù	名(*n.*)	benefit, advantage
11.表明	biǎomíng	动(*v.*)	to indicate, to manifest
12.充足	chōngzú	形(*adj.*)	adequate, sufficient, abundant
13.缓解	huǎnjiě	动(*v.*)	to alleviate, to ease up
14.疲劳	píláo	形(*adj.*)	tired, fatigue
15.效率	xiàolǜ	名(*n.*)	efficiency
16.降低	jiàngdī	动(*v.*)	to reduce, to lower
17.风险	fēngxiǎn	名(*n.*)	risk, hazard
18.睡眠	shuìmián	名(*n.*)	sleep
19.尽量	jìnliàng	副(*adv.*)	to the best of one's ability, to the greatest extent
20.将近	jiāngjìn	副(*adv.*)	close to, nearly, approximately
21.算	suàn	动(*v.*)	to consider, to count, to calculate
22.功能	gōngnéng	名(*n.*)	function
23.适当	shìdàng	形(*adj.*)	suitable, proper
24.俗话	súhuà	名(*n.*)	folksay, colloquialism
25.舒适	shūshì	形(*adj.*)	comfortable, cozy, snug
26.勉强	miǎnqiǎng	动(*v.*)	to force sb. to do sth.

语言点例句

1.况且

(1)这本书内容有趣,况且又不贵,你买一本吧。

(2)你身体不好,况且这个会议并不重要,就别去了!

2.一方面……另一方面……

(1)他这次考试没考好,一方面是因为题目比较难,另一方面是因为他没有好好复习。

(2)为什么我会选择这份工作? 一方面,这份工作我挺喜欢;另一方面,公司离我家很近。

3.跟……比起来,……

(1)跟大卫比起来,我的汉语说得还不够流利。

(2)跟以前比起来,现在他的身体好多了。

4.尽量

(1)学习一门语言的方法就是要尽量多说、多练。

(2)明天你尽量早点儿来,我们要做的事情挺多的。

5.(有/不)利于……

(1)父母的陪伴有利于孩子的成长。

(2)晚睡不利于身体健康。

课后练习

一、快速阅读课文,选择正确答案

1.根据课文,中国人中午吃完饭习惯做什么? _____

　　A.聊天　　　　　　B.学习　　　　　　C.睡觉　　　　　　D.上课

2.根据课文第一段,大部分英国人午饭后干什么? _____

　　A.睡午觉　　　　　B.聊天　　　　　　C.喝咖啡　　　　　D.听歌

3.课文第二段主要讲的是什么? _____

　　A.中国的午餐很好吃　　　　　　B.中国人工作很专心

　　C.中国人喜欢睡午觉的原因　　　D.中国的生活节奏很快

4.一般午睡多长时间比较合适? _____

　　A.20 分钟　　　　B.1 个小时　　　　C.3 个小时　　　　D.都可以

5.根据课文第三段,睡午觉应该注意什么? _____

　　A.吃完饭不要马上去睡觉　　　　B.要找自己喜欢的地方午睡

　　C.午睡以后要走一走　　　　　　D.工作的时候不应该睡午觉

二、请找出下列词中相同的字,查字典写出它们的意思

1.表明　表示　表现　_____

2.午餐　午休　午觉　_____

3.三餐　午餐　餐厅　_____

三、选词填空

重视　　尽量　　产生　　效率　　勉强

1.她帮助老人的事情在社会上_____了积极的影响。

2.他_____答应把新书借给我看两天。

3.他学习的时候一会儿看手机,一会儿吃东西,一点儿_____也没有。

4.越到暑假,学校就越_____学生的安全问题。

5.去另一个国家旅游要_____多尝一尝他们的美食。

四、根据课文填空

1.中国人有睡_____的习惯,_____是因为中国人_____一日三餐,特别是_____。_____是因为中国的养生方式,午睡可以给身体带来_____。

2.睡午觉有很多需要注意的地方。首先,午睡时间不能太长,太长容易_____晚上睡不着。其次,不要吃完饭就去睡觉,因为中国有一句_____"饭后百步走,活到九十九"。最后,要尽量选择一个安静和_____的地方。

3.如果你不喜欢睡午觉也不用_____自己,你可以去_____,_____。

五、理解语言点,完成句子

1.有利于

我喜欢在晚上慢跑,_____。

2.一方面……另一方面……

我最后还是选择了这家公司,_____,_____。

3.跟……比起来,……

_____,这家店的衣服颜色更好看。

4.尽量

明天可能要下雨,咱们_____。

5.况且

汉语这么难,_____,你怎么可能这么快就学会呢?

六、排列顺序

1.A.我答应她明天还给她

B.所以我今天尽量看完

C.这本书是她借给我的

_____

2.A.况且这次跟很多专业队员一起去

　　B.西藏我去过很多次了

　　C.你就别担心我了

七、根据课文判断对错

1.午觉必须在中午11：00—13：00睡。　　（　　）

2.中国人午饭以肉为主食。　　　　　　　（　　）

3.饭后散散步有利于食物消化。　　　　　（　　）

4.现在中国人不睡午觉去运动了。　　　　（　　）

5.大家不必都养成睡午觉的习惯。　　　　（　　）

八、根据课文选择正确答案

1.根据课文第二段中的这句话,下面哪个句子正确? _____

午睡跟中国人的养生方式有一定的关系:中医认为睡"子午觉"是一种养生方式,其中的"午"指白天午时(11：00—13：00),这个时间段入睡能给身体带来很多好处。

　　A."子午觉"是中国人最基本的生活方式

　　B.养生就是睡午觉

　　C.中医认为中午睡觉对身体好

2.根据课文第二段,下面哪种说法正确? _____

一方面,这跟中国人的饮食习惯有很大的关系:一日三餐中,中国人最重视午餐,午餐一般以面和米饭为主食,大量的米面会导致体内产生很多糖类,这些糖类正是我们吃饱饭后觉得困的主要原因。跟中国人的午餐比起来,外国人的午餐中米面较少,一些人的午餐以肉类为主食,或者是简单的三明治、沙拉。

　　A.中国人的午餐一般吃得比较多

　　B.米和面是人体必需的,吃得越多越好

　　C.中国人的主食米面很少

3.科学研究告诉我们什么? _____

科学研究表明,睡午觉可以使人精力充足,缓解身体疲劳,提高工作效率;另外,还能减少压力、降低疾病风险,有利于身心健康。

　　A.适当的午睡可以放松人们的身体

　　B.只有午睡才可以让工作更专心

　　C.喜欢午睡的人很少生病

4.根据课文第三段中的这段话,为什么吃完饭不要马上睡午觉? _____

其次,最好不要一吃完饭就午睡,刚吃完饭,人的消化系统还在工作,这个时候入睡会影响消化功能,不利于身体健康。专家建议午睡之前先适当运动一下,这样有利于食物消化,俗话说"饭后百步走,活到九十九",就是鼓励人们饭后散散步,走走路。

　　A.吃完饭应该马上去跑步

　　B.刚吃完就午睡不利于食物消化

　　C.马上睡午觉会很无聊

5.根据课文第四段,我们可以知道什么? _____

适当的午睡好处很多,但没有午睡的习惯,也不必勉强,听听歌,喝杯茶或咖啡,找朋友和同事聊聊天也是不错的选择。

    A.每个人都要养成午睡的习惯

    B.不睡午觉也可以做其他的事情

    C.午觉时间越长越好

九、根据课文回答问题

1.为什么中国人喜欢睡午觉?

2.睡午觉对身体有什么好处?

3.你认为睡午觉是一件有利于健康的事情吗?

4.在你们国家,中午有时间休息吗? 一般用什么方式休息?

第二课　亮仔的中国趣事

亮仔是日本人，在中国生活了差不多十年。尽管中国和日本都是亚洲国家，但也有文化差异。为了记录在中国遇到的新鲜有趣的事，他用漫画的形式写"日记"，受到大家的欢迎。下面我们来看几件他记录下的中国趣事吧！

日本人
Rìběn rén
Japanese

吃东西

中国是一个美食大国，这里的食物不仅好吃，价格也便宜。因为在中国吃得多，所以我长胖了，于是就去锻炼身体，可是在锻炼的路上，又被食物的香味儿吸引了，因此，减肥总是不成功。在中国最令我开心的是水果太便宜了！我还见到很多从未吃过的水果，比如火龙果，在日本很少见到。吃完火龙果，嘴巴也是红红的，我称它为"幸福的颜色"。

火龙果
huǒlóngguǒ
dragon fruit

几乎所有的年轻人都喜欢逛中国夜市，但我每次从夜市回来就后悔，不是因为别的，而是因为每次夜跑都经过夜市的烧烤摊，然后就忍不住买一些，太好吃了，所以把减肥的事给忘了。

来到中国后，我才知道原来还有大枣味儿的食物！这个味道我到现在还不习惯，如果你有日本朋友，可以偷偷地给他吃大枣味儿的食物，他的反应一定会让你开怀大笑。

根据我多年的经验总结，中国最"危险"的食物有三种——小笼包、生煎、撒尿牛丸。为什么说它们"危险"呢？因为明明知道吃了以后会胖，但也无法拒绝它们。要是既能吃到美味的食物，又能减肥就好了。

大枣
dà zǎo
jujube, Chinese date

小笼包
xiǎolóngbāo
A type of steamed bun or baozi. It is traditionally steamed in a small bamboo basket, hence the name xiaolong is literally a small steaming basket.

生煎（包）
shēngjiān(bāo)
Pan-fried Pork Buns, a type of fried bun or baozi

撒尿牛丸
sāniào niúwán
Juicy beef meatball, a traditional Chinese food.

日常生活

我发现凡是生活在中国的外国人，都有一个奇怪的共同点：跟快递员和外卖员通电话时，中文讲得超级标准和流利，"请把快递放门口吧"！中国的网络购物和外卖真的太方便了，这么迅速地运送物品，我实在想不出中国人是怎么做到的。

　　如果超市打折，你跟着中国阿姨跑就对了，哪里有中国阿姨，哪里就有打折商品。顺便说一下，中国的洗衣粉赠品真多啊，我的水杯、午餐盒、购物袋都是买洗衣粉免费送的。

学习中文

　　来中国前，我已经在日本学习了三年中文，通过了HSK5级考试，我以为到中国生活已经没有语言问题了，可是到了这里才发现学习中文是一个漫长的过程。但是说实话，学中文并不难，只要大胆地开口说，不要怕出错，时间一长你就会说得越来越好。

生 词

1.差异	chāyì	名(n.)	difference，discrepancy，diversity
2.日记	rìjì	名(n.)	diary
3.美食	měishí	名(n.)	gourmet food
4.减肥	jiǎnféi	动(v.)	to lose weight
5.从未	cóngwèi	副(adv.)	never
6.夜市	yèshì	名(n.)	night market
7.后悔	hòuhuǐ	动(v.)	to regret
8.烧烤	shāokǎo	名(n.)	barbecue
9.摊	tān	名(n.)	stall
10.偷偷	tōutōu	副(adv.)	secretly，stealthily
11.反应	fǎnyìng	名/动(n./v.)	reaction/to react
12.开怀大笑	kāihuái dàxiào		have a hearty laugh
13.经验	jīngyàn	名(n.)	experience
14.总结	zǒngjié	动/名(v./n.)	to sum up/summary
15.明明	míngmíng	副(adv.)	obviously
16.无法	wúfǎ	动(v.)	to be unable to
17.拒绝	jùjué	动(v.)	to refuse
18.凡是	fánshì	副(adv.)	all，every
19.超级	chāojí	形(adj.)	super

20.标准	biāozhǔn	形/名(adj./n.)	standard/standard
21.迅速	xùnsù	形(adj.)	quick，rapid
22.运送	yùnsòng	动(v.)	to transport
23.物品	wùpǐn	名(n.)	item，article，things
24.实在	shízài	副(adv.)	really，in fact
25.打折	dǎzhé	动(v.)	to give a discount
26.赠品	zèngpǐn	名(n.)	(complimentary)gift
27.漫长	màncháng	形(adj.)	(of time or road)very long，endless
28.大胆	dàdǎn	形(adj.)	daring，bold

语言点例句

1.把……(给)……

(1)我把她的蛋糕给吃了。

(2)她不小心把电脑给摔坏了。

2.明明

(1)她明明知道会下雨,但还是去公园散步了。

(2)我手机明明放这里了,怎么找不到了?

3.要是/如果……就好了

(1)要是晚上雨停了就好了,我们可以一起去夜市逛逛。

(2)如果快递员能把东西放到我家门口就好了。

4.凡是……都

(1)凡是明天要参加考试的学生八点前都要到教室。

(2)凡是甜的食物我都喜欢吃。

5.哪里有……哪里就有……

(1)哪里有她,哪里就有笑声。

(2)哪里有困难,哪里就有解决困难的办法。

课后练习

一、快速阅读课文,选择正确答案

1.根据第一段内容,关于亮仔我们可以知道什么? _____

　　A.今年二十多岁　　　　　　　　B.亮仔在中国出生

　　C.亮仔是中国人　　　　　　　　D.亮仔在中国生活了很久

2.文章第二段主要讲了什么？ _____

    A.亮仔觉得中国的食物又便宜又好吃

    B.亮仔在中国减肥成功了

    C.在日本可以见到中国的水果

    D.吃了火龙果嘴巴会变成黑色

3.根据第三段内容，我们可以知道亮仔"后悔"之后会怎么样？ _____

    A.不想再做这样的事   B.觉得很开心

    C.以后还会这样做   D.对做过的事情感到难过

4.亮仔为什么觉得小笼包、生煎、撒尿牛丸很"危险"？ _____

    A.因为他们对身体不好   B.因为他们很贵

    C.因为吃多了会让自己变胖   D.因为亮仔不喜欢吃

5.亮仔跟快递员和外卖员通电话时说什么语言？ _____

    A.英语   B.汉语   C.日语   D.西班牙语

6.根据最后一段，我们可以知道亮仔_____。

    A.学过汉语   B.没参加过 HSK 考试

    C.汉语不好   D.以后不学汉语了

二、选词填空

后悔   偷偷   明明   拒绝   凡是   实在

1.我_____把送给她的礼物放进她的包里，不想被她发现。

2.请你不要_____我的礼物。

3.这话_____是你说的，你怎么这么快就忘了呢？

4.听说他马上就要去中国工作了，这个消息_____太好了！

5.我现在非常_____以前没有努力减肥。

6._____夏天的衣服，今天都打折。

三、根据课文填空

1.亮仔来自日本，_____前来到中国，在中国生活的日子里他感受到日本和中国之间的文化_____。

2.亮仔喜欢去_____吃东西，每次夜跑经过夜市，他都忍不住去_____买一些吃的，回来后他很_____。

3.亮仔能用_____的中文和快递员对话，而且他_____想不出，中国的快递是怎么把_____运送得这么_____的。

4.亮仔发现中国的阿姨们知道哪里有_____商品，而且在中国买洗衣粉能得到很多像水杯、午餐盒、购物袋这样的_____。

四、理解语言点，完成句子

1.把……（给）……

妈妈问我明天给姐姐准备了什么生日礼物，天啊，我什么也没给她买，因为_____。

2.明明

小金_____,怎么她今天点了这么多辣菜?

3.要是/如果……就好了

要是明天_____就好了,这样我们就可以一起去公园散步了。

4.凡是……都

小王:你喜欢什么样的衣服?

亮仔:_____红色的_____。

5.哪里有……哪里就有……

在中国,_____,哪里就有广场舞。

五、根据课文判断对错

1.亮仔作为一个日本人不能接受中国的文化。　　　　　　　　　　(　　)

2.亮仔觉得中国的水果便宜又好吃,但他不喜欢吃完火龙果嘴巴变红。(　　)

3.中国的美食有很多,特别是在夜市里,亮仔每次跑步都要去吃东西。(　　)

4.亮仔汉语很好,能和快递员流利地对话,所以他觉得以后不需要再学习汉语了。

(　　)

六、排列顺序

1.A.这也形成了中国的美食地图

　B.每个省都有自己的特色美食

　C.中国饮食文化丰富多彩

_____

2.A.所以想要买到又便宜又好的东西,只要跟着超市里的中国阿姨就可以了

　B.中国的超市里有很多打折商品

　C.中国的阿姨们特别了解哪里有便宜的东西

_____

七、根据课文选择正确答案

1.根据文中第三段,下面哪个句子正确?　_____

几乎所有的年轻人都喜欢逛中国夜市,但我每次从夜市回来就后悔,不是因为别的,而是因为每次夜跑都经过夜市的烧烤摊,然后就忍不住买一些,太好吃了,所以把减肥的事给忘了。

　A.中国的年轻人喜欢夜市,但是亮仔不喜欢中国的夜市

　B.因为夜市的美食太好吃了,所以亮仔决定不减肥了

　C.亮仔每次从夜市回来都很后悔,因为他在夜市吃了很多美食,忘了自己还要减肥

2.根据文中第五段,下面哪个句子正确?　_____

根据我多年的经验总结,中国最"危险"的食物有三种——小笼包、生煎、撒尿牛丸。为什么说它们"危险"呢? 因为明明知道吃了以后会胖,但也无法拒绝它们。要是既能吃到美味的食物,又能减肥就好了。

A.因为小笼包、生煎、撒尿牛丸不健康,所以它们是最危险的食物

B.亮仔不知道吃了美食会变胖,所以他一直在吃

C.亮仔知道吃了美食会变胖,但是因为太好吃了,他不能拒绝

3.第六段作者主要的意思是什么？ _____

A.中国快递很快,外国人也常使用

B.亮仔知道为什么中国的快递很快

C.中国的快递很快,所以亮仔不需要和快递员交流

4.根据上下文,作者为什么说"哪里有中国阿姨,哪里就有打折商品"？ _____

A.因为中国阿姨喜欢在超市里跑步

B.因为中国阿姨知道哪里有打折商品

C.因为中国阿姨很热情,总是告诉他们打折商品在哪儿

5.根据文章的内容,我们可以知道什么？ _____

A.亮仔很喜欢在中国的生活,他的汉语很好,所以他不会继续学习汉语了

B.亮仔以后会更大胆地开口说汉语,继续学习汉语

C.亮仔以后会在中国开一家快递公司

八、根据课文回答问题

1.你觉得亮仔喜欢在中国生活吗？ 为什么？

2.你们国家的快递快吗？ 和中国的快递比起来有什么不同？

3.请你说一下亮仔眼中的中国生活是什么样的。

4.根据你对中国的了解,想象一下自己在中国生活的情况,请写一篇百两到三百字的小作文。

第三课　在中国安全吗

中国安全吗？很多没有来过中国的外国人都会问这个问题。在回答这个问题之前，我们先来看看 GALLUP 网站发布的《全球法律与秩序报告》，2021 年的报告显示，中国的安全排名在世界位列第二，生活在口国的居民有极高的安全感。在社交媒体平台上，我们也可以看到人们回答这个问题。比如在 YouTube 上，许多生活在中国的外国人认为中国是世界上最安全的国家之一。

很多人提到，他们国家的女性是不敢在晚二独自外出的，可是在中国，他们发现女性夜晚外出的现象很常见：有的女生晚上参加完朋友聚会，可以很放心地独自走回家；有的年轻女孩儿深夜在路边的饭馆独自用餐；留学生半夜两点回宿舍也觉得很安全……所有这些都让人感觉中国是很安全的国家。为什么说中国是很安全的国家呢？可以从以下三个方面进行解释：

第一，中国警察的工作效率高。在中国，即使在深夜，如果有人遇到危险报警，从报警到警察到达现场，仅仅需要十分钟，而在某些国家则可能需要一个多小时。

第二，中国禁止私人持有枪支。中国对枪三的管理十分严格，不允许私人持有和使用，这大大降低了犯罪率。中国的谋杀率远远低于世界平均水平。而在有些国家，使用枪支是合法的，比如美国。美国也是全球犯罪率最高的十大国家之一，即使在比较安全的地方，也会发生枪击事件。

第三，互联网支持的人脸识别技术。中国"天网"的视频摄像头超过两千万个，通过视频图片可以得到人脸信息，在互联网的支持下，将人脸信息与数据库里的信息进行对比，以确定此人的身份。人脸识别技术在预防犯

全球法律与秩序报告
Quánqiú Fǎlǜ Yǔ Zhìxù Bàogào
Global Law and Order Report

犯罪率
fànzuì lǜ
crime rate
谋杀率
móushā lǜ
murder rate
人脸识别技术
Rénliǎn Shíbié Jìshù
facial recognition technology
数据库
shùjùkù
database

罪和破案方面发挥了重要的作用。至于那些不遵守法律
的人，通过人脸识别技术，他们的身份往往能在短时间内
就被确认。

　　现在越来越多的外国人选择来中国，他们感到中国
是安全的国家。安全的社会环境不仅使人们安心地生活
和工作，而且可以吸引更多外国人才和企业来中国发展。

破案
pò'àn
crack a case

生　词

1.法律	fǎlǜ	名(*n.*)	law
2.显示	xiǎnshì	动(*v.*)	to show，to display
3.敢	gǎn	动(*v.*)	to dare，to have the courage(to do sth.)
4.聚会	jùhuì	名/动(*n./v.*)	party，get-together/to have a party
5.宿舍	sùshè	名(*n.*)	dormitory
6.警察	jǐngchá	名(*n.*)	police
7.到达	dàodá	动(*v.*)	to reach，to arrive in/at
8.禁止	jìnzhǐ	动(*v.*)	to prohibit，to forbid
9.私人	sīrén	名(*n.*)	private
10.枪支	qiāngzhī	名(*n.*)	firearms
11.管理	guǎnlǐ	动(*v.*)	to manage，to administer
12.严格	yángé	形(*adj.*)	strict，rigorous
13.允许	yǔnxǔ	动(*v.*)	to allow，to permit
14.使用	shǐyòng	动(*v.*)	to use
15.平均	píngjūn	形/动(*adj./v.*)	average/to average，to equalize
16.合法	héfǎ	形(*adj.*)	legal
17.枪击	qiāngjī	动(*v.*)	to gun down，to shoot
18.信息	xìnxī	名(*n.*)	information，message
19.对比	duìbǐ	动/名(*v./n.*)	to compare/comparison
20.确定	quèdìng	形/名(*adj./n.*)	to determine，to define/definite
21.身份	shēnfèn	名(*n.*)	identity
22.发挥	fāhuī	动(*v.*)	to bring into play，to give rein to
23.至于	zhìyú	介(*prep.*)	as for，as to
24.遵守	zūnshǒu	动(*v.*)	to abide by，to observe
25.社会	shèhuì	名(*n.*)	society
26.人才	réncái	名(*n.*)	talented person
27.企业	qǐyè	名(*n.*)	enterprise，company

语言点例句

1.……之一

(1)警察是我最喜欢的职业之一。

(2)中秋节是中国重要的传统节日之一。

2.而……则……

(1)我喜欢唱歌,而她则喜欢跳舞。

(2)新年对孩子们来说是最快乐的时候,而对妈妈来说则是最忙的时候。

3.(高)低于……

(1)他的汉语水平高于我的汉语水平。

(2)法律规定公司发给工人的工资不能低于当地最低工资标准。

4.与……对比

(1)我的方法是先自己写句子,然后与书上的句子对比,找出自己的错误。

(2)机场安全检查的时候,工作人员一定会把你机票上的姓名与护照上的姓名对比。

5.至于……

(1)我知道他的英语水平很高,至于他的汉语水平,我不了解。

(2)我们先说说去哪座城市吧,至于是坐飞机还是坐火车,后面再说。

课后练习

一、快速阅读课文,选择正确答案

1.根据第一段,中国的安全排名在世界第几位? _____

　　A.第一位　　　　　B.第二位　　　　　C.第三位　　　　　D.第四位

2."第一,中国警察的工作效率高",根据上下文,这句话是什么意思? _____

　　A.中国警察的工作多　　　　　　　　B.中国警察在很高的地方工作

　　C.中国警察可以在很短时间内完成工作　　D.中国警察晚上跑得很快

3.根据这句话,下面哪种说法正确? _____

中国的谋杀率远远低于世界平均水平。

　　A.中国的谋杀率高

　　B.世界的平均谋杀率高于中国的谋杀率

　　C.世界的平均谋杀率很高

　　D.世界其他国家离中国很远

4.根据前后文,这句话中"视频摄像头"是什么意思? _____

第三,互联网支持的人脸识别技术。中国"天网"的视频摄像头超过两千万个,通过视频图片可以得到人脸信息,在互联网的支持下,将人脸信息与数据库里的信息进行对比,以确定此人的身份。

  A.互联网   B.数据库

  C.可以拍照录像的东西   D.图片

5.根据前后文,这句话中"安心"是什么意思? _____

安全的社会环境不仅使人们安心地生活和工作,而且可以吸引更多外国人才和企业来中国发展。

  A.不安全   B.害怕   C.爱心   D.放心

6.在最后一段,作者最想说明的是什么? _____

  A.很多外国人来中国

  B.中国是一个不太安全的国家

  C.中国很安全,因此吸引很多外国人来这里

  D.因为外国的社会环境比较安全,所以外国想吸引更多中国人才和企业

二、选词填空

  允许 平均 合法 确定 发挥 到达 禁止 严格

1.八点以前,大家必须_____教室,按时上课。

2.这条河很深,_____游泳。

3.他是一个对自己很_____的人,每天必须按时吃饭、睡觉和工作。

4.如果条件_____,我周末出发。

5.她特别爱学习,每天_____学习八小时。

6.在中国,私人使用枪支不是_____的。

7.她在考试中没有_____出自己的水平。

8.小陈:你什么时候走?

  小金:不知道,我需要先_____一下时间。

三、根据课文填空

1.在中国经常能看见女性晚上外出,有些是参加完朋友_____回家,有些是在外面用餐。不管晚上多晚,留学生也都_____一个人回_____。

2.在中国,私人持有枪支是不被_____的,中国十分严格地_____枪支,不允许私人持有和_____。

3.在有些国家,私人使用枪支是_____的,比如美国,美国是全球犯罪率最高的国家_____。即使在美国一些比较安全的地方,也会发生_____事件。

4.中国有互联网支持的人脸识别技术。这种技术可以通过_____信息,然后_____这个人的身份,人脸识别技术在预防犯罪、破案方面_____了重要作用。_____那些不_____法律的人,他们很快会被确定身份。

四、理解语言点,完成句子

1.……之一

我有很多好朋友,她是＿＿＿＿＿＿＿＿＿＿＿＿＿＿＿＿＿。

2.而……则……

姐姐喜欢吃辣的东西,＿＿＿＿＿＿＿＿＿＿＿＿＿＿＿＿＿。

3.低于……

①我的英语水平很高。②他的英语水平不高。(请把两个句子变成一个句子)

＿＿＿＿＿＿＿＿＿＿＿＿＿＿＿＿＿＿＿＿＿＿＿＿＿＿。

4.与……对比

考试时,老师会将你身份证上的照片＿＿＿＿＿＿＿＿＿＿＿,以确定是你本人来参加考试。

5.至于……

小月:他什么时候回来?

小金:他跟我说明天回来,＿＿＿＿＿＿＿＿＿＿＿,我就不知道了。

五、排列顺序

1.A.至于篮球

　B.他足球踢得不错

　C.那就一般了

＿＿＿＿＿＿

2.A.因为这些国家禁止私人持有枪支

　B.有些国家很安全

　C.这大大降低了犯罪率

＿＿＿＿＿＿

六、根据课文选择正确答案

1.在文中第一段,作者最想说明的是什么?＿＿＿＿＿

　A.大家不知道中国安不安全

　B.中国很安全

　C.中国不安全

2.根据课文第二段,哪些让人感觉中国是一个安全的国家?(多选题)＿＿＿＿＿

　A.女性敢在夜晚独自回家

　B.女性不喜欢夜晚独自外出

　C.留学生半夜回宿舍不觉得有危险

3.根据下面这句话,我们可以知道什么?＿＿＿＿＿

　第二,中国禁止私人持有枪支。中国对枪支的管理十分严格,不允许私人持有和使用,这大大降低了犯罪率。

A.所有的中国人都不持有枪支

B.中国的枪支很少

C.中国禁止私人持有枪支,这降低了中国的犯罪率

4.根据这两句话,下面哪种说法是正确的? _____

人脸识别技术在预防犯罪和破案方面发挥了重要的作用。至于那些不遵守法律的人,通过人脸识别技术,他们的身份往往能在短时间内就被确认。

A.人脸识别技术可以禁止犯罪

B.遵守法律的人找不到警察

C.一些不遵守法律的人害怕人脸识别技术,害怕警察

七、根据课文回答问题

1.你觉得中国是比较安全的旅游国家吗? 为什么?

2.你觉得国家是否应该禁止私人持有枪支? 为什么?

3.你觉得互联网支持的人脸识别技术可以让一个地方更安全吗? 为什么?

4.你觉得人脸识别技术有哪些好的方面和不好的方面?

5.谈谈你们国家的安全状况,哪些方面比较安全,哪些方面不太安全。

6.你去过的国家中,哪些国家比较安全? 哪些不太安全?

第四课　东北洗浴记

我是一名在哈尔滨留学的外国人，我很喜欢这座城市，这里曾经生活过很多欧洲人，所以很多东西对我来说都非常亲切熟悉，除了"洗澡"这件事。

现在是冬天了，昨天我的中国朋友说要请我去洗澡。我很奇怪，我只听说过请吃饭，请喝酒的，洗澡也能请吗？好奇的我答应了朋友的邀请，想去看看在东北洗澡究竟是怎么回事。

朋友告诉我，东北有不同风格、不同价位的洗浴中心，有中国特色的，有日韩传统的，还有欧洲风格的。今天我们去的这家洗浴中心名字叫"罗马假日"。一走进去，果然是欧洲国家的装修风格，明亮的大厅里有雕塑、喷泉，还有壁画，来到这里，就像进了欧洲某国的宫殿似的。

东北洗澡包括冲、泡、蒸、搓四个步骤，缺少哪一个都不完整。洗澡的第一步是冲澡，让身体适应水的温度，然后再去水池里泡着。不同的水池有不同的温度。从36℃到50℃，人们根据自己的需要选择不同的水池。让我想不到的是，在这里泡澡竟然还是中国人交朋友、做生意的方式，大家可以泡在水里聊天、看足球比赛或者电视剧，灯光很温暖，人也很放松。接下来就是我们欧洲人已很熟悉的蒸桑拿，让我印象最深的是最后一步"搓"，长这么大，我从来没有搓过澡，师傅拿着毛巾使劲儿搓，疼得我忍不住大叫："轻点儿，麻烦师傅您轻点儿！"神奇的是，搓的时候很疼，搓完了，我却感觉到说不出来的舒服。洗完澡了，就在我以为终于可以回家时，朋友告诉我别着急，他要带我去好玩的地方。换好衣服，朋友带我逛了逛洗浴中心的另外一个地方，这里有书店、网吧、棋牌室、餐厅、儿童乐园等各种休闲娱乐设施。人们在这里或者看书，或者上网，或者品尝美食。

哈尔滨
Hā'ěrbīn
Harbin, the capital of Hei-longjiang Province

洗浴中心
xǐyù zhōngxīn
bath and spa center
罗马
Luómǎ
Rome, the capital of Italy
喷泉
pēnquán
fountain
壁画
bìhuà
wall painting

桑拿
sāngná
sauna

棋牌室
qípáishì
chess&card room

在东北地区,洗浴中心就跟商店一样常见。朋友说,每到休息日,很多东北人都愿意在这里待上一整天,在这里洗澡不光可以放松身体,还能放松精神。当我从洗浴中心走出来时,我觉得我是整条街最干净、最开心的人。

生 词

1.曾经	céngjīng	副(adv.)	once，in the past
2.亲切	qīnqiè	形(adj.)	close，intimate
3.熟悉	shúxī	动(v.)	to know well，to be familiar with
4.究竟	jiūjìng	副(adv.)	exactly(for emphasis in questions)，after all
5.风格	fēnggé	名(n.)	style，manner，mode
6.价位	jiàwèi	名(n.)	price，price level
7.果然	guǒrán	副(adv.)	as expected，anticipated
8.雕塑	diāosù	名/动(n./v.)	sculpture/to carve，to sculpt
9.宫殿	gōngdiàn	名(n.)	palace
10.包括	bāokuò	动(v.)	to include，to comprise
11.冲	chōng	动(v.)	to rinse，to flush，to wash
12.泡	pào	动(v.)	to sop，to soak，to steep
13.搓	cuō	动(v.)	to rub with hands，to scrub
14.步骤	bùzhòu	名(n.)	step，move，measure
15.缺少	quēshǎo	动(v.)	to lack，to be short of
16.完整	wánzhěng	形(adj.)	complete，integrated
17.温度	wēndù	名(n.)	temperature
18.水池	shuǐ chí		pool
19.竟然	jìngrán	副(adv.)	unexpectedly，to one's surprise
20.生意	shēngyì	名(n.)	business，trade
21.电视剧	diànshìjù	名(n.)	TV play，television drama
22.从来	cónglái	副(adv.)	always，all long
22.使劲儿	shǐjìnr	动(v.)	to exert all one's strength，to work hard
23.休闲	xiūxián	动(v.)	to be not working，to have leisure
24.设施	shèshī	名(n.)	installation，facilities
25.品尝	pǐncháng	动(v.)	to taste
26.待	dāi	动(v.)	to stay

语言点例句

1.究竟

(1)这道题究竟要怎么做,我到现在都没有想出一个办法来。

(2)你这也不喜欢,那也不喜欢,你究竟想找什么样的工作?

2.果然

(1)天气预报说今天有雨,下午果然下雨了。

(2)昨天很冷,我说妹妹穿得太少会感冒,她今天果然感冒了。

3.竟然

(1)王方竟然只用一个月就完成了整个设计。

(2)没想到十年后我们竟然又见面了。

4.从来(不/没)

(1)这个人很奇怪,他从来不笑。

(2)你们从来没有听说过这个地方吗?

课后练习

一、快速阅读课文,选择正确答案

1.根据课文,"我"对东北的什么不熟悉? _____

　　A.城市　　　　　　B.学习　　　　　　C.吃饭　　　　　　D.洗澡

2.课文第二段朋友要请"我"做什么? _____

　　A.吃饭　　　　　　B.喝酒　　　　　　C.洗澡　　　　　　D.逛街

3.根据课文第三段,名字叫"罗马假日"的洗浴中心是什么风格? _____

　　A.中国　　　　　　B.日韩　　　　　　C.欧洲　　　　　　D.非洲

4.根据课文第四段,洗浴中心没有以下哪种温度的水池? _____

　　A.30℃　　　　　　B.37℃　　　　　　C.43℃　　　　　　D.50℃

5.课文第四段的"师傅"是谁? _____

　　A.洗浴中心的老板　　　　　　　　　B.做生意的人

　　C.搓澡的工作人员　　　　　　　　　D.洗澡的顾客

6.根据课文,作者现在对东北洗澡是什么感觉? _____

　　A.不喜欢　　　　　　B.喜欢　　　　　　C.一般　　　　　　D.很不喜欢

二、请找出下列词中相同的字，查字典写出它们的意思

1.熟悉　熟人　熟识　＿＿＿＿＿＿＿＿＿＿＿＿＿＿＿

2.价位　价格　价钱　＿＿＿＿＿＿＿＿＿＿＿＿＿＿＿

3.泡澡　泡菜　泡茶　＿＿＿＿＿＿＿＿＿＿＿＿＿＿＿

三、选词填空

包括　　从来　　果然　　究竟　　缺少　　竟然

1.医生说我＿＿＿＿＿＿锻炼，建议我以后跑跑步。

2.参加这次比赛的人一共有十个人，＿＿＿＿＿＿我们班的小王。

3.你这也不喜欢，那也不喜欢，＿＿＿＿＿＿喜欢什么？

4.上次见他们的时候，他们俩的感情非常好，后来＿＿＿＿＿＿分手了。

5.上次见他们的时候，我就觉得他们俩的感情不太好，后来＿＿＿＿＿＿分手了。

6.我＿＿＿＿＿＿没有出过国，没有尝过国外的美食。

四、根据课文填空

1.很多欧洲人＿＿＿＿＿＿生活在哈尔滨，我对这里非常＿＿＿＿＿＿和＿＿＿＿＿＿，除了"洗澡"。

2.我答应了朋友的邀请，一起去＿＿＿＿＿＿，因为我想知道东北洗澡＿＿＿＿＿＿有什么不同。

3.东北有不同＿＿＿＿＿＿、不同＿＿＿＿＿＿的洗浴中心，我和朋友去的是欧洲风格的，里面有喷泉、＿＿＿＿＿＿和壁画，跟欧洲的＿＿＿＿＿＿非常像。

五、理解语言点，完成句子

1.究竟

有人说他后来去了美国，有人说他去了日本，但＿＿＿＿＿＿＿＿＿＿，连他父母也不知道。

2.果然

我猜这次考试他考得不错，成绩出来后，＿＿＿＿＿＿＿＿＿＿＿。

3.竟然

妹妹＿＿＿＿＿＿＿＿＿＿＿＿，爸妈和我都不知道。

4.从来(不/没)

他喜欢早睡早起，＿＿＿＿＿＿＿＿＿＿＿。

六、排列顺序

1.A.他亲切地跟我打招呼

　B.但其实我完全不认识他

　C.就像我们认识很多年似的

　＿＿＿＿＿＿＿＿＿＿

2.A.但他竟然直接走了

　B.就像不认识我似的

　C.我冲他打招呼

　＿＿＿＿＿＿＿＿＿＿

七、根据课文判断对错

1. 我曾经在哈尔滨生活过。 （ ）
2. 东北有各种各样的洗浴中心。 （ ）
3. 人们不能自由选择水温。 （ ）
4. 搓澡的时候很舒服，搓完了却很疼。 （ ）
5. 大部分东北人都非常喜欢洗浴中心。 （ ）

八、根据课文选择正确答案

1. 根据课文第三段中的这段话，下面哪种说法正确？ _____

今天我们去的这家洗浴中心名字叫"罗马假日"。一走进去，果然是欧洲国家的装修风格，明亮的大厅里有雕塑、喷泉，还有壁画，来到这里，就像进了欧洲某国的宫殿似的。

  A. "罗马假日"里面有欧洲风格的雕塑、喷泉和壁画

  B. "罗马假日"是一座欧洲的宫殿

  C. "罗马假日"的风格很特别、价位很高

2. 根据课文第四段中的这段话，下面哪种说法正确？ _____

洗澡的第一步是冲澡，让身体适应水的温度，然后再去水池里泡着。不同的水池有不同的温度，从 36℃ 到 50℃，人们根据自己的需要选择不同的水池。让我想不到的是，在这里泡澡竟然还是中国人交朋友、做生意的方式，大家可以泡在水里聊天、看足球比赛或者电视剧，灯光很温暖，人也很放松。

  A. 洗澡的第一步是去水池里泡着

  B. 水池有两种温度，36℃ 和 50℃

  C. 人们可以在水池里聊天、看电视

3. 关于"搓澡"，下面哪种说法正确？ _____

让我印象最深的是最后一步"搓"，长这么大，我从来没有搓过澡，师傅拿着毛巾使劲儿搓，疼得我忍不住大叫："轻点儿，麻烦师傅您轻点儿!"神奇的是，搓的时候很疼，搓完了，我却感觉到说不出来的舒服。

  A. 我对搓澡的印象最深

  B. 搓澡的过程很舒服

  C. 搓澡一点儿都不疼

4. 根据课文第四段中的这句话，我们可以知道什么？ _____

换好衣服，朋友带我逛了逛洗浴中心的另外一个地方，这里有书店、网吧、棋牌室、餐厅、儿童乐园等各种休闲娱乐设施。人们在这里或者看书，或者上网，或者品尝美食。

  A. 休闲娱乐设施在洗浴中心的外面

  B. 人们可以在这个地方打球

  C. 去这个地方前要先换衣服

5. 根据课文第五段中的这段话，我们可以知道什么？ _____

在东北地区，洗浴中心就跟商店一样常见。朋友说，每到休息日，很多东北人都愿意在这里待上一整天，在这里洗澡不光可以放松身体，还能放松精神。

A.东北的洗浴中心里有商店

B.洗浴文化在东北非常受欢迎

C.每个周末，东北人都会来洗浴中心洗澡。

九、根据课文回答问题

1.洗浴文化在中国的哪些地方比较受欢迎？

2.洗浴中心有哪些风格？

3.东北洗澡包括哪些步骤？

4.人们在洗浴中心除了洗澡，还可以做什么？

科技潮流

第五课　给流浪猫安个家

　　越来越多人喜欢猫并开始养猫。家猫有干净的食物和温暖的房间，可以幸福地度过每一个冬天；但对流浪猫来说，冬天意味着饥饿和死亡。流浪猫的生活条件很差，因而能在寒冷冬天里生存下来的流浪猫很少。

　　晚兮是北京百度公司的一名工程师。北京的冬天非常寒冷，温度一般都在零度以下。去年冬天，他在自己的车下发现了一只冷得发抖的小猫。他很难过，想让流浪猫在寒冷的冬天里也能有一个温暖的家，于是，他开始研究，并在团队的帮助下建成了中国第一个 AI 猫舍。

　　猫舍温度保持在 27℃，还可以为这些流浪猫提供干净的水和食物。猫舍还有刷脸开门的智能系统，这个系统目前能够识别 174 种不同的猫。流浪猫进入猫舍后，门会自动关上，以保证安全。

　　除了这些功能，该系统还能识别出流浪猫是否生病或受伤；系统也可以在 0.3 秒内检查出猫是否做过绝育手术。如果系统发现流浪猫生病、受伤或者未绝育，志愿者就会收到手机通知并前往猫舍提供帮助。

　　晚兮说，流浪猫进入 AI 猫舍后，会尽量为它们提供好的生活环境，但猫舍并不是流浪猫永远的家。

　　AI 猫舍的发明使流浪猫的生活得到了更多关注。最近，北京大学的学生发明了一个记录校园流浪猫生活的 APP。该 APP 记录了近百只猫咪的情况，包括猫咪的照片、名字、性别和健康状况。同学们可以根据记录照顾学校里的流浪猫，将生病或未绝育的猫送去医院；也可以在 APP 上为健康的流浪猫寻找新主人。

　　但是，没有主人的流浪猫仍然面临很多危险。北京大学校园里的流浪猫，虽然有志愿者的照顾，但是也并不

晚兮
Wǎn Xī
Wan Xi, a person's name
百度
Bǎidù
Baidu, a Chinese multinational technology company specializing in Internet-related services and products, and artificial intelligence.
刷脸
shuā liǎn
face scanning

像大家想象中的那么幸福，毕竟它们得不到像家猫那样的照顾。幸运的是，越来越多的人开始努力为流浪猫寻找更好的主人，想让它们得到更多的爱。希望在寒冷的冬天里，爱的温暖可以安慰每一颗流浪的心。

生　词

1.安家	ānjiā	动（v.）	to set up a home，to settle down
2.度过	dùguò	动（v.）	to pass，to spend
3.意味着	yìwèizhe	动（v.）	to mean，to imply
4.饥饿	jī'è	形（adj.）	hungry，starving
5.死亡	sǐwáng	动（v.）	to die
6.寒冷	hánlěng	形（adj.）	cold
7.生存	shēngcún	动（v.）	to live，to survive
8.工程师	gōngchéngshī	名（n.）	engineer
9.发抖	fādǒu	动（v.）	to tremble，to shiver
10.猫舍	māo shè		cattery，cat house
11.自动	zìdòng	形（adj.）	automatic，spontaneous
12.保证	bǎozhèng	动/名（v./n.）	to guarantee/guarantee
13.绝育	juéyù	动（v.）	to sterilize
14.手术	shǒushù	名（n.）	(surgical)operation
15.志愿者	zhìyuànzhě	名（n.）	volunteer
16.永远	yǒngyuǎn	副（adv.）	forever
17.发明	fāmíng	动/名（v./n.）	to invent/invention
18.校园	xiàoyuán	名（n.）	campus
19.性别	xìngbié	名（n.）	gender
20.状况	zhuàngkuàng	名（n.）	condition，situation，state
21.仍然	réngrán	副（adv.）	still，yet
22.面临	miànlín	动（v.）	to face，to confront
23.想象	xiǎngxiàng	动（v.）	to imagine
24.毕竟	bìjìng	副（adv.）	after all，in the final analysis
25.流浪	liúlàng	动（v.）	to roam about，to lead a vagrant life

语言点例句

1.意味着

(1)明天意味着一个新的开始。

(2)如果这次考得好意味着我有机会去中国学习。

2.……,因而……

(1)洗浴中心不仅环境舒适、适合聊天,而且能缓解疲劳、放松心情,因而很受人们欢迎。

(2)他唯一的兴趣就是画画,因而绘画对他来说就是生命。

3.该(指代词)

(1)淘宝是中国最著名的电子商务平台,该网络平台是2003年创办的。

(2)北京第四中学是非常有名的中学,该校也是他的母校。

4.……仍然……

(1)她生病了,但仍然坚持工作。

(2)早春的北京,天气仍然很冷。

5.毕竟

(1)虽然他做错了,但毕竟他还是个孩子,你就别生气了。

(2)他不知道地址也很正常,毕竟他才刚来一个星期。

课后练习

一、快速阅读课文,选择正确答案

1.根据课文第一段,为什么很多流浪猫会在冬天死去? _____

　　A.有人会去抓猫　　　B.因为饥饿和寒冷　　C.因为生病　　　　D.因为条件太好

2.根据课文第二段,晚兮是做什么工作的? _____

　　A.司机　　　　　　　B.工程师　　　　　　C.研究生　　　　　D.宠物医生

3.根据课文,猫舍没有以下什么功能? _____

　　A.提供水和食物　　　B.保证安全　　　　　C.给猫做手术　　　D.通知志愿者

4.根据课文第六段,APP不能记录猫的什么? _____

　　A.照片　　　　　　　B.名字　　　　　　　C.性别　　　　　　D.年龄

5.根据课文第六段,对北京大学校园里生病的猫,同学们可以做什么? _____

　　A.找新主人　　　　　B.做绝育手术　　　　C.送医院　　　　　D.送猫舍

6.课文最后"流浪的心"指的是什么? _____

　　A.流浪猫　　　　　　B.志愿者　　　　　　C.猫舍　　　　　　D.主人

二、请找出下列词中相同的字,查字典写出它们的意思

1.生命　生存　生物　＿＿＿＿＿＿＿＿＿＿＿

2.保证　保险　保修　＿＿＿＿＿＿＿＿＿＿＿

3.状况　情况　现况　＿＿＿＿＿＿＿＿＿＿＿

三、选词填空

仍然　　发明　　自动　　保证　　毕竟　　面临

1.这支笔很神奇,用它写的字两个小时后就＿＿＿＿＿＿没了。

2.我们＿＿＿＿＿＿按时完成自己的工作。

3.别生气了,他＿＿＿＿＿＿是你的老板。

4.奶奶八十多岁了,听力＿＿＿＿＿＿很好,很小的声音也能听见。

5.纸是中国人＿＿＿＿＿＿的。

6.毕业生们＿＿＿＿＿＿着两种选择:继续读书还是找工作?

四、根据课文填空

1.很多流浪猫不能安全地＿＿＿＿＿＿冬天,因为冬天意味着＿＿＿＿＿＿和＿＿＿＿＿＿。只有很少的流浪猫才能在＿＿＿＿＿＿的冬天＿＿＿＿＿＿下来。

2.一名＿＿＿＿＿＿因为一只小猫,研究建成了中国第一个人工智能＿＿＿＿＿＿。猫进入猫舍后,门会＿＿＿＿＿＿关上,＿＿＿＿＿＿猫的安全。

3.AI猫舍不是流浪猫＿＿＿＿＿＿的家,流浪猫还＿＿＿＿＿＿很多危险,＿＿＿＿＿＿他们得不到跟家猫一样的温暖。

五、理解语言点,完成句子

1.意味着

学好汉语＿＿＿＿＿＿＿＿＿＿＿＿＿＿＿＿＿＿＿＿＿＿＿＿。

2.……,因而……

小月经常找外国人练口语,＿＿＿＿＿＿＿＿＿＿＿＿＿＿。

3.该(指代词)

北京大学的学生非常有爱心,＿＿＿＿＿＿＿＿＿＿＿＿＿＿。

4.……仍然……

爷爷已经退休五年了,＿＿＿＿＿＿＿＿＿＿＿＿＿＿＿＿。

5.毕竟

他的汉语比我好多了,＿＿＿＿＿＿＿＿＿＿＿＿＿＿＿＿。

六、排列顺序

1.A.以放松自己的身体和精神

　B.由于东北气候寒冷

　C.人们经常选择去洗浴中心待上一天

　＿＿＿＿＿＿＿＿＿＿＿

2.A.我很喜欢这件衣服

　　B.毕竟我还没找到工作

　　C.但我不能买

————————

七、根据课文判断对错

1.家猫的生活条件比流浪猫好。　　　　　　　　　　（　　　）

2.晚分自己一个人建成了中国第一个人工智能猫舍。　（　　　）

3.猫舍的温度可以自由改变。　　　　　　　　　　　（　　　）

4.APP可以为流浪猫寻找以前的主人。　　　　　　　（　　　）

5.现在的流浪猫越来越受到人们的照顾。　　　　　　（　　　）

八、根据课文选择正确答案

1.根据课文第一段中的这段话,以下哪种说法不正确? _____

　　家猫有干净的食物和温暖的房间,可以幸福地度过每一个冬天;但对流浪猫来说,冬天意味着饥饿和死亡。流浪猫的生活条件很差,因而能在寒冷冬天里生存下来的流浪猫很少。

　　A.家猫可以在家里享受干净的食物

　　B.流浪猫在冬天经常饿死或者冷死

　　C.跟流浪猫比,家猫的生活条件很差

2.第三段的主要内容是什么? _____

　　A.介绍刷脸功能

　　B.介绍猫舍温度

　　C.介绍 AI 猫舍

3.根据课文第四段,下面哪个说法正确? _____

　　除了这些功能,该智能系统还可以识别出流浪猫是否生病或受伤;系统也可以在0.3秒内检查出猫是否做过绝育手术。如果系统发现流浪猫生病、受伤或者未绝育,志愿者就会收到手机通知并前往猫舍提供帮助。

　　A.智能系统通过 APP 检查流浪猫的身体状况

　　B.智能系统可以快速检查猫是否做过绝育手术

　　C.志愿者通过其他志愿者通知去猫舍进行帮助

4.根据课文第六段中的这句话,我们可以知道什么? _____

　　同学们可以根据记录照顾学校里的流浪猫,将生病或未绝育的猫送去医院;也可以在APP上为健康的流浪猫寻找新主人。

　　A.同学们可以在 APP 上照顾流浪猫

　　B.同学们可以在 APP 上将生病的猫送去医院

　　C.同学们可以在 APP 上为流浪猫寻找新主人

5.根据课文第七段中的这段话,我们可以知道什么? _____

　　北京大学校园里的流浪猫,虽然有志愿者的照顾,但是也并不像大家想象中的那么幸福,毕竟它们得不到像家猫那样的照顾。

A.北京大学的流浪猫们不幸福

B.流浪猫们在校园里有家

C.流浪猫还需要继续得到照顾

九、根据课文回答问题

1.你家里有宠物吗？你的宠物在家里幸福吗？

2.AI 猫舍怎么为流浪猫提供帮助？

3.北京大学学生发明的 APP 有哪些功能？

4.在你的国家，人们怎么救助流浪动物？

第六课　知识付费

　　已经工作三年多的小李，最近多了一个习惯，那就是每天睡觉前或者在上下班的路上，用手机观看著名大学教授的心理学课程。这是小李在网上购买的课程，他通过"知识付费"学到很多有用的知识。"知识付费"就是在网上购买知识产品，比如购买网络课程。

　　随着生活节奏的加快，很多人的压力变得越来越大，特别是那些生活在一线城市的职场白领。工作的时候，他们总感觉自己知识不够，或者不能跟同事、领导很好地相处。因而很多像小李一样的人会购买一些课程，及时给自己"充电"，利用各种碎片时间来丰富自己的知识。

　　目前，知识付费产品可以分为两种，一种是可以帮助人们达到某种目标的实用类课程，比如"如何让你的声音更有魅力"，它适合那些在升学、求职、晋升等各个人生阶段感到压力的人。人们希望通过别人的经验，获得快速成功的办法。另一种是娱乐有趣的知识产品，比如脱口秀或有趣的历史文化课程，经过别人的讲述，知识不再那么枯燥。

脱口秀
tuōkǒuxiù
talk show

　　随着移动互联网的发展，知识付费降低了人们的时间成本和金钱成本。人们可以随时随地上网络课程，看视频或者听音频。知识付费也让人们以更低的价格获得知识。以前，如果想要听某些名人的演讲，外地的人需要订机票和酒店，赶到当地才行。而现在，只需要付很少的钱就可以在网上听到。

音频
yīnpín
audio

　　5G时代已经到来，互联网将继续影响我们的学习方式，大家对知识付费的需求也越来越大，但是它也面临一些问题。比如面对众多的网络付费学习产品，人们没有能力分辨它们的好坏。很多人可能在付费以后，发现该产品对自己并没有太大的帮助，相当于浪费了时间和金钱。

也有人说，与其花很多钱去听别人讲一本书，不如自己去阅读。然而，现在的人们几乎每时每刻都在看屏幕，很难静下心来读书，因此，何不通过知识付费，让自己学到更多的知识呢？毕竟互联网的普及使学习这件事离人们更近了。不管是目标明确的培训课，还是轻松幽默的知识课，都可以让人们通过网络及时获得需要的技能和知识。

生 词

1.心理	xīnlǐ	名(n.)	mentality，psychology
2.产品	chǎnpǐn	名(n.)	product，produce
3.职场	zhíchǎng	名(n.)	workplace，office space
4.领导	lǐngdǎo	动/名(v./n.)	to lead/leader
5.相处	xiāngchǔ	动(v.)	to get along(with one another)
6.充电	chōngdiàn	动(v.)	to charge(a battery)；to enrich one's knowledge
7.利用	lìyòng	动(v.)	to utilize，to make use of
8.如何	rúhé	代(pron.)	how
9.魅力	mèilì	名(n.)	charm
10.升学	shēngxué	动(v.)	to go to school of a higher grade
11.求职	qiúzhí	动(v.)	to seek employment，to look for a position
12.晋升	jìnshēng	动(v.)	to promote(to a higher office, academic rank, etc.)
13.人生	rénshēng	名(n.)	life
14.阶段	jiēduàn	名(n.)	stage, phase, period
15.枯燥	kūzào	形(adj.)	dry and dull, uninteresting
16.成本	chéngběn	名(n.)	cost
17.金钱	jīnqián	名(n.)	money
18.随时随地	suíshí-suídì		anywhere and anytime
19.时代	shídài	名(n.)	times, era
20.需求	xūqiú	名(n.)	requirement，demand
21.分辨	fēnbiàn	动(v.)	to distinguish, to differentiate
22.相当于	xiāngdāng yú		be equal to, correspond to
23.与其	yǔqí	连(conj.)	rather than
24.每时每刻	měishí-měikè		all the time

25.屏幕	píngmù	名(*n.*)	screen
26.明确	míngquè	形/动(*adj./v.*)	clear and definite/to make clear, to clarify
27.培训	péixùn	动(*v.*)	to train(technical personnel，etc.)

语言点例句

1.特别是……

(1)小明对世界历史很感兴趣,特别是欧洲的历史。

(2)中国人喜欢送红包,特别是过新年的时候。

2.如何

(1)我不知道她是如何学好汉语的。

(2)你知道如何创办一个企业吗?

3.相当于……

(1)他一个月的工资相当于我一年的工资。

(2)它虽然是普通照相机,但是它的拍照功能很好,相当于专业照相机。

4.与其……不如……

(1)天气这么好,与其在家里看电视,不如去公园走走。

(2)与其在这里浪费时间,不如做些有意思的事情。

5.何不……呢

(1)这些书你从来不读,何不送给有需要的人呢?

(2)既然要结合传统艺术,何不在建筑设计上使用一代风格呢?

课后练习

一、快速阅读课文,选择正确答案

1.根据课文第一段,小李付费购买的课程与什么有关系? _____

　　A.工作能力　　　　B.生活习惯　　　　C.大学知识　　　　D.心理学

2.根据课文第二段,"充电"是什么意思? _____

　　A.给手机充电　　　B.给电脑充电　　　C.学习新知识　　　D.锻炼身体

3.根据课文第三段,以下哪个课程与其他三项不是同一类? _____

　　A."怎样快速成功"　　　　　　　　B."有趣的中国历史小故事"

　　C."十个企业家教你创业"　　　　　　D."这样学习最有效"

4.根据课文第四段,以下哪一个不是知识付费的优点? _____

    A.内容新   B.方便   C.便宜   D.实用

5.根据课文第五段,中国已经进入什么时代? _____

    A.知识共享   B.看电子书   C.5G 时代   D.听网课

6.根据最后一段,作者对知识付费是什么看法? _____

    A.有用   B.很贵   C.浪费钱   D.浪费时间

二、请找出下列词中相同的字,查字典写出它们的意思

1.职场　操场　广场　　　_____

2.求学　求职　求婚　　　_____

3.晋升　升学　上升　　　_____

三、选词填空

与其　　相当于　　利用　　明确　　随时随地　　分辨

1.要真正了解一个人,只要看他怎样_____时间就可以了。

2.老师在学期开始的时候就跟我们_____了这学期的目标。

3.你_____在这里生气,不如去找他问清楚。

4.这对双胞胎长得太像了,我_____不出谁是哥哥,谁是弟弟。

5.如果一个游泳运动员,四十天没有下水,就_____四年没有游泳。

6.高铁的发展让中国人可以_____回家。

四、根据课文填空

1.小李最近在网上购买了一些知识_____,每天上下班的路上和睡觉前都会看一会儿_____课程。

2.生活在一线城市的_____白领们购买课程的原因是感觉自己_____不够或者不能很好地跟别人_____,于是想_____碎片时间给自己_____。

3.实用类知识产品适合处在_____、_____、_____等各个人生阶段的人们。

4.知识付费降低人们的_____成本和_____成本。人们可以_____看视频、听音频。

5.知识付费的_____越来越大,也存在着问题,人们没办法_____他们的好坏,有时付钱以后才发现对自己没什么帮助。

五、理解语言点,完成句子

1.特别是……

奶茶在中国越来越受人们欢迎,_____。

2.如何

我刚开始学习汉语的时候总是不知道_____。

3.相当于……

跳绳非常有利于减肥,跳绳十分钟_____。

4.与其……不如……

与其在大城市里一个人生活,_____。

5.何不……呢

这些衣服你也穿不上了，_____。

六、根据课文判断对错

1.小李在网上购买了心理学课程。　　　　　　　　　　（　　）

2.一线城市的职场白领们生活压力特别大。　　　　　（　　）

3.脱口秀是一种实用类付费课程。　　　　　　　　　　（　　）

4.现在人们要想亲眼见到名人再也不需要去外地了。（　　）

5.知识付费可以帮助人们更快地获得知识。　　　　　（　　）

七、根据课文选择正确答案

1.根据课文第二段中的这段话，白领们感觉怎么样？_____

随着生活节奏的加快，很多人的压力变得越来越大，特别是那些生活在一线城市的职场白领。工作的时候，他们总感觉自己知识不够，或者不能跟同事、领导很好地相处。

　A.生活压力越来越大

　B.感觉自己不够聪明

　C.没时间跟同事、领导相处

2.根据课文第三段中的这段话，我们可以知道什么？_____

目前，知识付费产品可以分为两种，一种是可以帮助人们达到某种目标的实用类课程，比如"如何让你的声音更有魅力"，它适合那些在升学、求职、晋升等各个人生阶段感到压力的人。人们希望通过别人的经验，获得快速成功的办法。

　A.知识付费产品有很多种

　B.实用类课程受学生和职场白领的欢迎

　C.知识付费可以帮助人们快速成功

3.根据课文第四段，知识付费有什么特点？_____

随着移动互联网的发展，知识付费降低了人们的时间成本和金钱成本。人们可以随时随地上网络课程，看视频或者听音频。知识付费也让人们以更低的价格获得知识。

　A.知识付费需要借助移动互联网的发展

　B.知识付费让人们有了更多的时间和金钱

　C.知识付费让人们直接获得知识

4.根据下面这段话，知识付费产品有什么缺点？_____

5G时代已经到来，互联网将继续影响我们的学习方式，大家对知识付费的需求也越来越大，但是它也面临一些问题。比如面对众多的网络付费学习产品，人们没有能力分辨它们的好坏。很多人可能在付费以后，发现该产品对自己并没有太大的帮助，相当于浪费了时间和金钱。

　A.太多了

　B.有的质量不好

　C.都没用，浪费钱

5.根据课文第六段中的这段话,作者最想说什么？ _____

也有人说,与其花很多钱去听别人讲一本书,不如自己去阅读。然而,现在的人们几乎每时每刻都在看屏幕,很难静下心来读书,因此,何不通过知识付费,让自己学到更多的知识呢？

    A.知识付费的效果不如自己阅读好

    B.现在的人们都不喜欢读书

    C.希望人们通过知识付费学到更多知识

八、根据课文回答问题

1.你有没有在网上买过付费课程？

2.付费课程有哪些类型？

3.付费课程有哪些优点和缺点？

4.有人说"知识付费"是新时代的骗术,你认为呢？

第七课　把星星种在孩子的心里

　　夏天的夜晚，天空好像黑色的幕布，上面装饰着闪烁的星星，似乎在眨眼睛。十二岁的小志躺在乡下奶奶家的床上，透过窗户观察这些星星，心里充满好奇：天空中究竟有多少颗星星？为什么星星会"眨眼睛"？想着想着，他感觉越来越困，慢慢地闭上眼睛，睡着了。

　　2020 年暑假，小志的父母带他离开城市，回到乡下的奶奶家。虽然这是一个小村庄，不如城市繁华，风景却十分美丽。傍晚，他靠在奶奶的肩膀上，一边等待月亮的出现，一边听她讲牛郎织女的传说，这样的生活令他十分满足，虽然他没和父母一起旅游，还是度过了一个愉快的暑假，很享受这段与大自然接触的美好时光。

　　8 月 9 日是小志的生日。父亲给他准备了一份特别的生日礼物——一粒番茄种子。和其他种子不一样，这粒种子是从太空"旅游"回来的。只要小志每天都坚持照顾它，就会结出果实。小志非常兴奋，因为他觉得自己和宇宙更近了。

　　其实，这种特别的种子只是众多航空文创产品中的一种。"太空玫瑰"也受到青少年的欢迎。普通玫瑰只能开一周左右，太空玫瑰却可以在水里开 40～60 天。此外，火箭形状的铅笔和用"火箭原料"制造的玩具等，"太空迷"都喜欢得不得了。

　　虽然对孩子们来说，这些文创产品可能只是一份礼物，实际上，它们还发挥着更大的作用。不同于书籍和展览，这些运用了高科技的产品把宇宙送到孩子们手上，使它不再神秘，变得触手可及。它们可以帮助青少年在成长过程中了解更多的科学知识和科学规律，有利于培养他们的想象力和创造力以及探索世界的勇气，这也正

牛郎织女
Niúláng Zhīnǚ
the cowherd and the weaver girl, the characters of a Chinese folk story of separated lovers

航空文创
hángkōng wénchuàng
cultural and creative industries of aviation
玫瑰
méigui
rose
迷
mí
fans
宇宙
yǔzhòu
universe

是设计者所 强调 的——给孩子最好的礼物是梦想，因为
他们会创造更多的 奇迹 。让我们共同 期待 ，在不远的未
来，会有越来越多的产品出现在孩子们身边，把星星种在
他们的心里。

生 词

1.天空	tiānkōng	名(*n.*)	sky
2.幕布	mùbù	名(*n.*)	curtain
3.闪烁	shǎnshuò	动(*v.*)	to twinkle, to flicker, to glitter
4.似乎	sìhū	副(*adv.*)	it seems that…, seemingly
5.眨	zhǎ	动(*v.*)	to blink, to wink
6.观察	guānchá	动(*v.*)	to observe, to watch
7.闭	bì	动(*v.*)	to close, to shut
8.村庄	cūnzhuāng	名(*n.*)	village, hamlet
9.繁华	fánhuá	形(*adj.*)	busy, bustling, prosperous
10.傍晚	bàngwǎn	名(*n.*)	nightfall, dusk
11.肩膀	jiānbǎng	名(*n.*)	shoulder
12.等待	děngdài	动(*v.*)	to wait
13.传说	chuánshuō	名(*n.*)	legend
14.种子	zhǒngzi	名(*n.*)	seed
15.果实	guǒshí	名(*n.*)	fruit
16.此外	cǐwài	连(*conj.*)	in addition, moreover
17.原料	yuánliào	名(*n.*)	raw materials
18.制造	zhìzào	动(*v.*)	to make, to produce
19.玩具	wánjù	名(*n.*)	toy
20.书籍	shūjí	名(*n.*)	books
21.展览	zhǎnlǎn	动(*v.*)	to exhibit, to display
22.运用	yùnyòng	动(*v.*)	to put into practice, to apply
23.神秘	shénmì	形(*adj.*)	mystical, mysterious
24.触手可及	chùshǒu-kějí		within reach
25.规律	guīlù	名(*n.*)	law, regular pattern
26.培养	péiyǎng	动(*v.*)	to foster, to train
27.创造	chuàngzào	动(*v.*)	to create, to produce
28.以及	yǐjí	连(*conj.*)	and, as well as

29.探索	tànsuǒ	动(v.)	to explore, to seek
30.勇气	yǒngqì	名(n.)	courage
31.强调	qiángdiào	动(v.)	to emphasize
32.奇迹	qíjì	名(n.)	miracle, wonder
33.期待	qīdài	动(v.)	to look forward to

语言点例句

1.似乎
(1)他似乎明白这句话的意思,却又说不清楚。
(2)他看上去似乎很累,可能是昨天没睡好。

2.此外
(1)他给了我一本书和一支钢笔,此外还给了我一些钱。
(2)这家酒店可以帮助客人叫出租车。此外,它还提供免费停车服务。

3.……得不得了
(1)听到自己通过考试的消息,他激动得不得了。
(2)明天就要跟父母一起去旅游了,她兴奋得不得了。

4.不同于……
(1)不同于其他学生,下课后他总是喜欢一个人安静地看书。
(2)不同于西方的绘画艺术,中国画更注重表现自然景色。

5.以及
(1)手机可以用来打电话、发短信、看电影以及上网玩游戏。
(2)老师让我们想一想为什么会出现这些问题,以及如何解决它们。

课后练习

一、快速阅读课文,选择正确答案

1.根据上下文,第一段中词语"观察"的意思是什么? _____
　　A.等　　　　　B.看　　　　　C.读　　　　　D.画

2.根据第三段,小志兴奋的原因是什么? _____
　　A.8 月 9 日是他的生日
　　B.番茄种子是一份特别的礼物,和太空有关
　　C.小志喜欢吃番茄
　　D.番茄种子可以结出果实

3.根据课文，"太空玫瑰"至少可以在水里开多长时间？ ＿＿＿＿＿

    A.两周   B.三周   C.四周   D.五周以上

4.根据上下文，第五段中的词语"触手可及"的意思是某个东西怎么样？ ＿＿＿＿＿

    A.很大   B.很近   C.很美   D.很热

5.第五段的主要内容是什么？ ＿＿＿＿＿

    A.航空文创产品的种类   B.航空文创产品是最好的礼物

    C.航空文创产品可以给孩子星星   D.航空文创产品对孩子们的好处

二、选词填空

    期待   制造   繁华   傍晚   规律   强调   奇迹

1.中国的长城是世界七大＿＿＿＿＿之一。

2.北京、上海、广州和深圳是中国最＿＿＿＿＿的四个城市。

3.老人们都很喜欢在＿＿＿＿＿出门散步。

4.在考试前，老师又＿＿＿＿＿了需要注意的问题。

5.这学期马上就结束了，所以大家开始＿＿＿＿＿寒假。

6.在科学课上，我们学习了许多科学＿＿＿＿＿。

7.这台电脑是中国＿＿＿＿＿的。

三、根据课文填空

1.小志的奶奶家在一个小＿＿＿＿＿。那里虽然没有城市＿＿＿＿＿，但是小志很喜欢在晚上＿＿＿＿＿星星，听奶奶讲＿＿＿＿＿。

2.航空文创产品有很多种，比如小志收到的番茄＿＿＿＿＿，还有美丽的"太空玫瑰"，用火箭＿＿＿＿＿来＿＿＿＿＿的铅笔和玩具。

3.航空文创与＿＿＿＿＿和＿＿＿＿＿不同，它＿＿＿＿＿了高科技，使宇宙变得＿＿＿＿＿。同时，它将＿＿＿＿＿孩子们的想象力和创造力，让他们更有兴趣去了解科学知识和科学＿＿＿＿＿。

四、理解语言点，完成句子

1.似乎

＿＿＿＿＿＿＿＿＿＿＿＿＿＿＿＿＿，但实际上已经快五十岁了。

2.此外

妈妈为他准备了新书包和新鞋子，＿＿＿＿＿＿＿＿＿＿＿＿＿＿＿。

3.不同于……

不同于其他老师，我们的汉语老师＿＿＿＿＿＿＿＿＿＿＿＿＿＿＿。

4.……得不得了

听到这个好消息，大卫＿＿＿＿＿＿＿＿＿＿＿＿＿＿＿。

5.以及

在学校，我们有许多不同的汉语课：综合课、阅读课＿＿＿＿＿＿＿＿＿＿＿。

五、根据课文选择正确答案

1.以下哪句话的用法与这句"夏天的夜晚,天空好像黑色的幕布,上面装饰着闪烁的星星,似乎在眨眼睛"用法最一致?　_____

　　A.秋天的落叶在风中起舞,好像一只只彩色的蝴蝶

　　B.小狗右右好像听懂了我们的话

　　C.太阳出来,月亮就回家了

2.根据课文第四段的信息,以下哪种说法正确?　_____

　　其实,这种特别的种子只是众多航空文创产品中的一种。"太空玫瑰"也受到青少年的欢迎。普通玫瑰只能开一周左右,太空玫瑰却可以在水里开 40～60 天。

　　A.番茄种子和"太空玫瑰"都是航空文创产品

　　B.航空文创产品只有种子

　　C.孩子们不喜欢"太空玫瑰"

3.根据课文第四段,"太空迷"对航空文创产品怎么样?　_____

　　A.不太喜欢

　　B.有点喜欢

　　C.非常喜欢

4.根据课文第五段,以下哪种是航空文创的作用?(多选题)_____

　　A.培养青少年的想象力和创造力

　　B.有利于青少年学习科学知识

　　C.鼓励青少年认识世界

六、根据课文回答问题

1.2020 年,小志在乡下的奶奶家是怎样度过暑假的?他喜欢这个暑假的生活吗?为什么?

2.和其他的种子相比,小志爸爸送给他的生日礼物有什么不同?

3.对孩子们来说,航空文创产品有什么作用?

4.你如何理解文中的这句话"给孩子最好的礼物是梦想,因为他们会创造更多的奇迹"?

5.如果让你设计一种航空文创产品送给朋友,你会怎样设计呢?

第八课　垃圾分类进行时

最近，垃圾分类成为人们讨论的话题。为什么会出现这样的情况呢？因为上海市的《生活垃圾管理条例》开始实行了。如果你乱扔垃圾，或者不按照规定分类处理垃圾，就都会被看作违法行为。对中国人而言，这意味着生活垃圾的分类处理时代已经到来。

《生活垃圾管理条例》
Shēnghuó Lājī Guǎnlǐ Tiáolì
Domestic Waste Management Law（DWML）

随着时代的发展，生活中的垃圾越来越多。对垃圾进行分类处理，是我们每个人的责任。早在 20 世纪，中国就已经开始垃圾分类，只是推广得并不好。你知道吗，在上海，平均每天产生 2.4 万吨垃圾。如果人人都能响应号召，将垃圾进行分类处理，这些垃圾便可以得到合理回收，资源便可以再利用，我们的生活环境必将得到改善。

这一次，上海市第一次明确要求对生活垃圾进行强制分类。许多社区不仅有了可用于分类的垃圾房（里边有分类的垃圾桶），甚至还出现了智能垃圾桶这样的设备。它可以智能分类、刷脸识别、自动称重、积分奖励，这不仅提高了居民的积极性，而且有利于专家根据设备收集的数据来监测垃圾分类情况。此外，居民还可以在手机 APP 上"下单"，提前约好回收时间，足不出户完成垃圾分类。

积分
jīfēn
cumulative scoring

下单
xiàdān
place an order

"你是什么垃圾"这句话是拿垃圾分类工作开了个玩笑，其实它说的是很多人不知道垃圾如何分类的问题。垃圾可以分为有害垃圾、可回收物、厨余垃圾以及一般垃圾。各类垃圾的名称很好区分，但真的分起类来，却容易出现错误，如果你还是不知道怎么进行垃圾分类，那不妨试试手机中的垃圾分类小程序，操作起来简单方便，这样垃圾分类就容易多了。

厨余垃圾
chúyú lājī
kitchen waste

　　智能垃圾分类是对垃圾进行合理回收的科学管理方法。面对越来越多的生活垃圾和渐渐被污染的环境，人们可以通过智能分类管理，实现垃圾的再利用，以此改善生活环境。换句话说，扔垃圾之前，把垃圾做好分类，其实也是保护环境的一种方式。让我们一起行动起来吧！

生　词

1.垃圾	lājī	名(*n.*)	garbage
2.分类	fēnlèi	动(*v.*)	to classify(by), to categorize
3.实行	shíxíng	动(*v.*)	to practice, to implement
4.处理	chǔlǐ	动(*v.*)	to handle, to deal with
5.违法	wéifǎ	动(*v.*)	to break the law, to be illegal
6.推广	tuīguǎng	动(*v.*)	to popularize, to spread, to promote
7.吨	dūn	量(*m.*)	ton
8.响应	xiǎngyìng	动(*v.*)	to respond, to answer(often positively and favorably), to react
9.号召	hàozhào	动(*v.*)	to call out, to appeal
10.合理	hélǐ	形(*adj.*)	reasonable, rational
11.回收	huíshōu	动(*v.*)	to recycle
12.资源	zīyuán	名(*n.*)	natural resources
13.改善	gǎishàn	动(*v.*)	to improve, to make sth. better
14.强制	qiángzhì	动(*v.*)	to force, to compel
15.设备	shèbèi	名(*n.*)	equipment, device
16.称	chēng	动(*v.*)	to weigh, to measure weight
17.奖励	jiǎnglì	动(*v.*)	to reward
18.收集	shōují	动(*v.*)	to collect, to gather
19.数据	shùjù	名(*n.*)	data
20.监测	jiāncè	动(*v.*)	to monitor
21.足不出户	zúbùchūhù		staying at home all the time, not putting a foot outside
22.有害	yǒu hài		harmful
23.名称	míngchēng	名(*n.*)	name(of a thing or organization)
24.区分	qūfēn	动(*v.*)	to distinguish, to differentiate
25.不妨	bùfáng	副(*adv.*)	there is no harm in, might as well

26.程序	chéngxù	名(n.)	program，procedure
27.操作	cāozuò	动(v.)	to operate，to manipulate
28.行动	xíngdòng	动/名(v./n.)	to take action/action，behavior

语言点例句

1.对……而言

(1)这道数学题对我而言实在太难了。

(2)对我而言,健康比金钱更重要。

2.早在……(的时候),……

(1)早在 20 世纪 60 年代,日本就已经有高铁了。

(2)他早在十岁的时候就获得过乒乓球比赛第一名。

3.不仅……甚至……

(1)他大学期间不仅没有花父母的钱,甚至还给父母寄钱。

(2)学生们不仅天天喂流浪猫,甚至还发明了一个记录流浪猫生活的 APP。

4.不妨……

(1)这个问题很复杂,我们不妨举几个例子来说明一下。

(2)他太马虎了,你不妨对他要求严格一点。

5.……,换句话说,……

(1)你的孩子生活能力很强,换句话说,你不在家的时候他可以自己照顾自己。

(2)很多老人都希望有宠物陪伴他们。换句话说,如果有一只小狗或者小猫在身边,他们就不会感到孤独了。

课后练习

一、快速阅读课文,选择正确答案

1.根据文章第一段,下面哪些行为会被看作违法行为? _____

　　A.每天产生很多垃圾　　　　　　　　B.讨论垃圾分类

　　C.不把垃圾分类处理　　　　　　　　D.不了解《生活垃圾管理条例》

2.根据上下文,第二段"我们的生活环境必将得到改善"一句中,"改善"一词的意思是什么? _____

　　A.变得越来越好　　B.没有变化　　C.变得越来越差　　D.变得不好也不差

3.根据课文第四段的信息,生活垃圾的分类不包括以下哪一种? _____

　　A.一般垃圾　　　　B.厨余垃圾　　　　C.不可回收物　　　　D.有害垃圾

4.根据课文内容,以下哪种属于用于垃圾分类的智能设备? _____

    A.用于垃圾分类的垃圾房   B.智能垃圾桶

    C.手机里的垃圾分类小程序   D.以上都是

5.在文中第四段,作者主要介绍的是什么? _____

    A.垃圾如何分类   B.智能垃圾分类   C.人也是垃圾   D.什么是有害垃圾

6.一个人在上海要去扔几个箱子,可是不知道往哪个垃圾桶里扔,你可以给他什么建议? _____

    A.去问警察   B.在手机上下载一个垃圾分类小程序

    C.随便找一个垃圾桶扔   D.去看《生活垃圾管理条例》

二、选词填空

实行　推广　资源　奖励　收集　回收　操作

1.为给大家提供更好的服务,本签证中心从下月起_____网上预约。

2.老师准备了铅笔、本子和零食作为给学生们的_____。

3.他正在_____写论文要用的材料。

4.旧书本是可以_____的垃圾。

5.这个国家自然_____十分丰富。

6.这款手机是为老年人设计的,_____十分方便。

7.他的这项发明得到了_____,现在所有工厂都在运用这种技术。

三、根据课文填空

1.其实早在20世纪,中国就开始_____垃圾分类了。近几年,由于人们产生的垃圾越来越多,因此,_____地回收垃圾变得越来越重要。因为只有这样,我们的生活环境才能得到_____。

2.现在,上海市明确要求对生活垃圾进行_____分类。智能垃圾分类的积分_____不仅提高了大家的积极性,而且有利于专家_____相关数据。居民使用手机APP,就可以_____完成垃圾分类。

3.如果不知道手里的垃圾是哪种垃圾,你_____式一试手机里的小_____。它们_____起来十分方便。

4.如果每个人都能_____垃圾分类的号召,科学地将垃圾分类,那么许多_____就可以被再次利用。

四、理解语言点,完成句子

1.对……而言

_____,孩子的健康才是最重要的。

2.早在……(的时候),……

小月:你什么时候决定学习汉语的?

小金:_____。

3.不仅……甚至……

养成良好的学习习惯，不仅可以_____，_____。

4.不妨……

用这种方法不能解决问题，_____。

5.……换句话说，……

老板让他再改一下计划书，换句话说，_____。

五、根据课文选择正确答案

1.课文第二段"早在 20 世纪，中国就已经开始垃圾分类，只是推广得并不好"一句的意思是什么？（多选题）_____

    A.从 21 世纪开始，中国才实行垃圾分类

    B.在中国，有一些城市之前曾经实行过垃圾分类

    C.之前，有许多中国城市不了解垃圾分类

2.根据课文第二段这段话的信息，下面哪种说法正确？（多选题）_____

这一次，上海市第一次明确要求对生活垃圾进行强制分类。许多社区不仅有了可用于分类的垃圾房（里边有分类的垃圾桶），甚至还出现了智能垃圾桶这样的设备。它可以智能分类、刷脸识别、自动称重、积分奖励，这不仅提高了居民的积极性，而且有利于专家根据设备收集的数据来监测垃圾分类情况。此外，居民还可以在手机 APP 上"下单"，提前约好回收时间，足不出户完成垃圾分类。

    A.现在，每一位上海居民都必须对垃圾进行分类

    B.在上海，每个社区都有智能垃圾桶

    C.智能垃圾桶能收集需要的垃圾数据

3.根据课文第三段的信息，智能垃圾桶有哪些作用？（多选题）_____

    A.让居民更愿意进行垃圾分类

    B.帮助专家了解垃圾分类情况

    C.让垃圾分类更加容易、方便

4.根据课文中的信息，实行垃圾分类有哪些好处？（多选题）_____

    A.改善城市居民的生活质量

    B.保护生活环境

    C.有利于可回收资源的利用

六、根据课文回答问题

1.智能垃圾桶如何使用？

2.智能垃圾分类有什么特点？

3.你生活的城市实行垃圾分类了吗？如果有，你知道哪些垃圾分类方法呢？如果没有，你认为垃圾分类有什么作用？

国潮之光

第九课　小哪吒·大电影

　　金燕是一名留学生，在厦门大学海外教育学院学习汉语。到目前为止，她已经在中国学了三年汉语。她的汉语听力不错，因为她经常看中国电影，还会反复看喜欢的电影。她看过许多中国电影，比如《刮痧》《火锅英雄》和《老师·好》。无论是新电影还是老电影，她都看得津津有味。通过观看这些电影，一方面，她学到不少有用的汉语词语和句子；另一方面，她也更加了解了中国的历史文化和中国人的喜怒哀乐。

　　2019年暑假，金燕和朋友在厦门电影院看了一部电影，虽然这部电影是动画片，却给她留下了深刻的印象。这部电影的名字是《哪吒之魔童降世》，该电影改编自中国的神话故事，向观众讲述了一个名叫哪吒的孩子勇敢与命运抗争的故事，它表现了中国人不怕困难的精神。金燕说，在看电影的过程中被哪吒的勇气深深打动，哭了好几次。其实，不只是金燕，许多中国年轻人在看完这部电影后，也禁不住流泪。可以说，《哪吒之魔童降世》是中国近几年最受欢迎的电影之一。

　　《哪吒之魔童降世》的票房达到了50.13亿，它是中国电影历史上非常优秀的动画电影。为什么这部电影能获得成功？主要原因有以下几个：首先，这部电影的制作质量相当高，为画出完美的哪吒形象，工作人员一共设计了100多个哪吒，或活泼开朗，或传统天真，最后导演"百里挑一"，选中了现在的形象。其次，作为国内首部3D IMAX动画电影，制作时间长达五年，由60多个团队合作完成，这些足以说明制作人的用心，也正因此，这部高质量的电影给观众留下了难忘的印象。除此之外，这部电影还告诉大家一个道理：命运是可以改变的，面对困

厦门大学
Xiàmén Dàxué
Xiamen University

刮痧
guāshā
Gua Sha is a natural, alternative therapy that involves scraping your skin with a massage tool to improve your circulation. In this text, it is the name of a Chinese film.

哪吒
Nézhā
the name of a protection deity in Chinese folk religion

难，我们要迎难而上，勇敢地为自己喜欢的生活而奋斗。
这也是该电影令观众产生共鸣的原因之一。

金燕说，她期待今后有更多优秀的中国电影走出中
国，为世界观众所熟悉，这样就会有越来越多的外国朋友
了解中国，爱上中国文化。

生 词

1.海外	hǎiwài	名(n.)	abroad，overseas
2.英雄	yīngxióng	名(n.)	hero
3.津津有味	jīnjīn-yǒuwèi		with great gusto，with keen pleasure
4.喜怒哀乐	xǐnùāilè		feelings of pleasure，anger，sorrow and joy，all human feelings (or emotions)
5.动画片	dònghuàpiàn	名(n.)	animated cartoon
6.改编	gǎibiān	动(v.)	to adapt，to revise
7.神话	shénhuà	名(n.)	mythology
8.命运	mìngyùn	名(n.)	fate，destiny
9.抗争	kàngzhēng	动(v.)	to take a stand against，to resist
10.打动	dǎdòng	动(v.)	to move，to touch，to stir the emotions
11.禁不住	jīnbuzhù	动(v.)	to be unable to refrain from
12.流泪	liú lèi		shed tears
13.票房	piàofáng	名(n.)	box office，ticket office
14.制作	zhìzuò	动(v.)	to make，to produce
15.相当	xiāngdāng	副(adv.)	considerably，quite
16.形象	xíngxiàng	名/形(n./adj.)	image，figure/vivid
17.人员	rényuán	名(n.)	personnel，staff
18.天真	tiānzhēn	形(adj.)	innocent，naive
19.百里挑一	bǎilǐ tiāoyī		one in a hundred
20.选中	xuǎnzhòng		decide on，settle on
21.作为	zuòwéi	介/动(prep./v.)	as，being/to be
22.足以	zúyǐ	动(v.)	to be enough，to be sufficient
23.道理	dàolǐ	名(n.)	principle，theory

24.迎难而上	yíngnán érshàng		to brave difficulties，rise to the challenge
25.奋斗	fèndòu	动(v.)	to fight，to struggle，to strive
26.共鸣	gòngmíng	名(n.)	resonance，sympathetic response

语言点例句

1.到目前为止，……

(1)到目前为止，她已经去过八个国家旅游了。

(2)到目前为止，我们还没有找到更好的解决方法。

2.无论……还是……都……

(1)无论说话还是写文章，我们都应该抓住重点。

(2)无论学习还是工作，都需要一份科学的计划。

3.……被(为)……(所)……

(1)直到这位画家死后，他的作品才渐渐为人所知。

(2)这部电视剧最近特别火，里面的几位主要演员已很快被观众所熟悉。

4.作为……

(1)作为父母，应该教会孩子尊重别人。

(2)作为一名学生，最重要的事情就是认真学习。

5.足以

(1)他做的这些好事，足以说明他是个善良的孩子。

(2)从他的作业中足以看出他是个认真的学生。

课后练习

一、快速阅读课文，选择正确答案

1.根据文章第一段，金燕汉语听力不错的原因是什么？ _____

　　A.她是厦门大学的学生　　　　　　　　B.她已经学了五年汉语了

　　C.她常常看中国电影　　　　　　　　　D.她经常跟中国人聊天

2.文章第一段中的词语"喜怒哀乐"是什么？ _____

　　A.四种心情　　　　B.四种味道　　　　C.四种天气　　　　D.四种颜色

3.根据文章第二段，"被哪吒的勇气深深打动了"一句中，"打动"可以换为下面哪个词？ _____

　　A.运动　　　　　　B.感动　　　　　　C.激动　　　　　　D.活动

4.下面对《哪吒之魔童降世》这部电影的描述中正确的是哪一个？＿＿＿＿＿＿

    A.它不是一部动画片   B.它是中国第一部 3D IMAX 动画电影

    C.它给观众留下的印象不深   D.它的票房不高

5.课文第三段主要讲的是什么？＿＿＿＿＿＿

    A.电影的票房很高   B.电影成功的原因

    C.哪吒的勇敢形象   D.电影出色的 3D 效果

6.作者对中国电影的发展是什么态度？＿＿＿＿＿＿

    A.特别惊讶   B.很失望   C.不理解   D.充满希望

二、选词填空

        神话   改编   天真   奋斗   道理   作为   足以

1.为了让家人过上好日子，他一直在努力＿＿＿＿＿＿。

2.＿＿＿＿＿＿一名老师，她十分关心学生的成长。

3.他在这次考试中取得了第一名的好成绩，这＿＿＿＿＿＿说明他的认真。

4.他还是个小孩子，很＿＿＿＿＿＿，所以不懂这些人生＿＿＿＿＿＿。

5.这部电影是根据小说＿＿＿＿＿＿的。

6.中国历史上有许多著名的＿＿＿＿＿＿故事。

三、根据课文填空

1.金燕非常喜欢看中国电影。无论是什么电影，她都看得＿＿＿＿＿＿。2019 年暑假，她在电影院看了一部＿＿＿＿＿＿，是由神话故事＿＿＿＿＿＿的，给她留下深刻的＿＿＿＿＿＿。

2.《哪吒之魔童降世》这部电影的＿＿＿＿＿＿和＿＿＿＿＿＿都很高，是一部非常优秀的动画电影。它讲了一个叫哪吒的孩子与命运＿＿＿＿＿＿的故事。很多观众看完电影都＿＿＿＿＿＿了。

3.这部电影告诉我们一个＿＿＿＿＿＿：面对困难，要＿＿＿＿＿＿＿＿，为自己喜欢的生活而＿＿＿＿＿＿。这也是它令观众产生＿＿＿＿＿＿的原因之一。

四、理解语言点，完成句子

1.无论……还是……都……

＿＿＿＿＿＿＿＿＿＿＿＿＿＿＿＿＿＿＿＿，我们都应该用正确的态度对待。

2.到目前为止，……

小月：你们的汉语课学到哪儿了？

小金：＿＿＿＿＿＿＿＿，＿＿＿＿＿＿＿＿＿＿＿＿＿＿＿。

3.作为……

亮仔：我是日本人，不太了解中国的习俗。你呢？

小月：＿＿＿＿＿＿＿＿＿＿，＿＿＿＿＿＿＿＿＿＿＿＿＿＿＿。

4.足以

①他付出了很多努力。②人们很感动。（请把两个句子变成一个句子）

＿＿＿＿＿＿＿＿＿＿＿＿＿＿＿＿＿＿＿＿＿＿＿＿＿＿＿＿＿＿＿＿。

五、根据课文选择正确答案

1.根据第一段,我们可以知道什么?（多选题）_____

A.金燕会把喜欢的电影看很多遍

B.金燕不喜欢看新电影,喜欢看老电影

C.看中国电影既帮助金燕学习汉语,又使她了解中国文化

2.根据这段话的信息,以下哪个选项正确?（多选题）_____

虽然这部电影是动画片,却给她留下了深刻的印象。这部电影的名字是《哪吒之魔童降世》,该电影改编自中国的神话故事,向观众讲述了一个名叫哪吒的孩子勇敢与命运抗争的故事,它表现了中国人不怕困难的精神。

A.因为《哪吒之魔童降世》是一部动画片,所以金燕不太喜欢

B.电影里的哪吒很勇敢,克服了许多困难

C.哪吒来自中国的神话故事

3.根据课文第三段的信息,《哪吒之魔童降世》这部电影有哪些特点?（多选题）
_____

A.它是由一个团队制作完成的

B.工作人员设计了不同风格的哪吒形象

C.为了制作这部电影,工作人员用了五年时间

4.根据课文中的信息,《哪吒之魔童降世》这部电影告诉人们哪些道理?（多选题）
_____

A.有勇气是非常重要的

B.遇到困难时,要想办法解决

C.命运是不能被改变的

六、根据课文回答问题

1.《哪吒之魔童降世》这部电影获得成功的原因有哪些?

2.上网找一找这部电影的海报,看看经过"百里挑一"的哪吒形象有什么特点。

3.你认为看中国电影对学习汉语有帮助吗?为什么?你最喜欢的一部中国电影是什么?

4.利用课余时间看一看《哪吒之魔童降世》这部电影,和同学们分享你的感受。

第十课　博物馆的"动物代言人"

　　如果让你用一个词来描述对博物馆的印象，你会选择哪个词呢？严肃，传统，正式？也许读完这篇文章，你会改变答案。

　　提到故宫，人们几乎都会联想到与历史有关的故事。但是今天，我们一起来看看故宫的"代言人"——故宫猫，猫居然成了代表故宫发言的"人"。其实在中国的明朝（1368—1644 年），住在故宫的皇室贵族就开始养猫。那时，那些猫被称作"宫猫"。现在，故宫里大约生活着两百只猫，有的就是"宫猫"的后代。每一只猫都有自己的名字，它们保护故宫不被老鼠破坏，所以得到游客们的宠爱。有的游客特地来故宫给猫拍照，有的游客还会给它们寄礼物。故宫博物院也推出故宫猫书籍、明信片、玩具和贺卡等，以帮助游客更好地了解故宫文化。

　　除了故宫，中国的另一处名胜古迹也"请"了小动物作为"代言人"。2018 年 4 月 4 日，敦煌莫高窟的微博上发了一条消息，内容大致是：莫高窟因为雨雪天气而暂时关闭，乐乐早晨去山上"巡逻"，已经返回。这条微博的图片是一只全身湿透的小狗。微博发出几个小时后就获得一万多条评论，乐乐也因此成为"莫高窟代言人"，还有了自己的微博。原来，乐乐是一只在莫高窟长大的流浪狗，每天都会在莫高窟周围走一圈。有一次，养它的工作人员把乐乐带回家，但是第二天，它居然独自走了二十多公里，又回到莫高窟。

　　马未都是著名的收藏家，也是观复博物馆的创始人。他的博物馆从 2003 年就开始收养流浪猫，称"观复猫"。每只猫都有自己的"工作"，甚至有自己的办公室。以前，来这里的游客主要是中老年人；自从有了"观复猫"后，家长更愿意带着孩子一起来参观。

故宫
Gùgōng
Imperial Palace in Beijing,
The Forbidden City

明朝
Míng cháo
Ming Dynasty

故宫博物院
Gùgōng Bówùyuàn
Palace Museum in Beijing

敦煌莫高窟
Dūnhuáng Mògāokū
Mogao Caves at Dunhuang,
also known as the Caves of
the Thousand Buddhas (Qian
Fo Dong)

微博
Wēibó
a Chinese micro-blogging
website

　　宠物,特别是猫和狗,已经成为一些家庭的成员,因此,博物馆选择"动物代言人",不失为吸引游客,特别是吸引年轻游客的一种创意方法。但是,博物馆仅仅靠这张"动物名片"是不够的,更重要的是展示中国优秀文化的内在魅力,在"动物代言人"的帮助下,讲好文物故事,阐释其中的文化。

生 词

1.描述	miáoshù	动(v.)	to describe
2.博物馆	bówùguǎn	名(n.)	museum
3.严肃	yánsù	形(adj.)	serious, solemn, earnest
4.联想	liánxiǎng	动(v.)	tc associate, to connect in the mind
5.发言	fāyán	动/名(v./n.)	to speak, to deliver a speech/speech
6.皇室	huángshì	名(n.)	imperial family, royal family
7.贵族	guìzú	名(n.)	noble, aristocrat
8.后代	hòudài	名(n.)	offspring, posterity
9.破坏	pòhuài	动(v.)	to destroy, to damage
10.宠爱	chǒng'ài	动(v.)	to dote on, to love ardently, to pamper
11.特地	tèdì	副(adv.)	specially, for a particular purpose
12.推出	tuīchū	动(v.)	to introduce, to put out, to release
13.明信片	míngxìnpiàn	名(n.)	postcard
14.名胜古迹	míngshèng-gǔjì		places of historic interest and scenic beauty
15.大致	dàzhì	副(adv.)	roughly, approximately
16.暂时	zànshí	副(adv.)	temporarily, for the present
17.巡逻	xúnluó	动(v.)	to go on patrol, to patrol
18.返回	fǎnhuí	动(v.)	to return, to come or go back
19.湿透	shītòu		soaking wet
20.评论	pínglùn	名/动(n./v.)	comment/to comment on, to review

21.圈	quān	名(n.)	circle，ring
22.收藏家	shōucáng jiā		collector(of books，antiques，etc.)
23.创始人	chuàngshǐ rén		founder，initiator，originator
24.收养	shōuyǎng	动(v.)	to adopt
25.自从	zìcóng	介(prep.)	ever since
26.创意	chuàngyì	名(n.)	original idea，creative conception
27.内在	nèizài	形(adj.)	inherent，inward，inner
28.文物	wénwù	名(n.)	cultural relic，historical relic
29.阐释	chǎnshì	动(v.)	to explain，to interpret

语言点例句

1.提到……,……

(1)提到中国,人们往往会想到北京和长城。

(2)提到大学生活,所有的高中生都非常感兴趣,希望多了解一些。

2.大致

(1)他虽然没读完整本书,但大致了解了这本书的内容。

(2)商店的衣服大致可以分成两类:一类是打折的衣服,一类是最新的衣服。

3.自从……以后(以来)

(1)自从每天锻炼身体以后,他的身体越来越健康了。

(2)自从入冬以来,白天越来越短,夜晚越来越长了。

4.不失为

(1)虽然这篇文章有两个词用得不太好,但也不失为一篇好文章。

(2)和朋友一起去爬山,也不失为一种良好的放松方式。

5.靠……

(1)减肥只靠运动还不够,还要靠科学合理的饮食。

(2)他靠自己的努力,考上了中国最好的大学。

课后练习

一、快速阅读课文,选择正确答案

1.根据上下文,第二段"故宫博物院也推出故宫猫书籍、明信片、玩具和贺卡等,以帮助游客更好地了解故宫文化"一句中,"推出"的意思是什么? _____

　　A.开始画　　　　B.开始卖　　　　C.开始送　　　　D.开始写

2.根据上下文,第一题中的"故宫猫书籍、明信片、玩具和贺卡"都是什么? _____
   A.游客给故宫猫寄的礼物　　　　　B.故宫博物院的文创产品
   C.故宫博物院给游客的礼物　　　　D.以上都不是

3.根据课文第二段,以下关于故宫的说法,哪个是不正确的? _____
   A.人们一般会把故宫和历史联系在一起
   B.明朝时,皇室贵族就已经在故宫里养猫
   C.明朝时,故宫猫就已经成为故宫的"代言人"
   D.故宫猫使故宫不被老鼠破坏

4.根据上下文,第三段中"湿透"的意思是什么? _____
   A.不湿　　　　B.有点湿　　　　C.比较湿　　　　D.非常湿

5.以下关于"观复猫"的说法,哪个是正确的? _____
   A.它们以前都是家猫　　　　　　　B.它们是观复博物馆的"代言人"
   C.它们特别吸引老年人的注意　　　D.它们没有给观复博物馆带来变化

6.从课文最后一段,我们可以得到什么信息? _____
   A.现在每个中国家庭都养了宠物
   B.年轻游客比较容易被动物吸引
   C.动物代言人一定能为博物馆带来成功
   D."请"动物为博物馆代言的做法很久之前就出现了

二、选词填空

破坏　　巡逻　　特地　　推出　　暂时　　发言　　收养

1.我们的假期计划全被这雨天_____了。

2.今天她起得很早,_____开车来接我上班。

3.你_____先住在这里,不用担心。

4.张大爷是一个喜欢小动物的人,他_____了许多流浪猫。

5.警察每天都要绕着这座城市_____。

6.这家饭店最近_____了好几道新菜。

7.老师鼓励学生们上课时多_____。

三、根据课文填空

1.提到博物馆,大家对它的印象都是_____、传统或者正式。但是当你去中国的故宫,却会发现猫成了故宫的_____。但实际上,住在故宫的_____在明朝就开始养猫。为了让更多的游客了解故宫,故宫博物院还_____许多和故宫猫有关的产品。

2.敦煌莫高窟是中国的一处_____。那里住着一条叫乐乐的流浪狗。它每天都会绕着莫高窟_____。即使在雨雪天气,自己被雨水_____,也会坚持。后来,乐乐的故事被发在微博上,收到许多_____。乐乐也因此成为"莫高窟代言人",还有了自己的微博。

3.观复博物馆的_____是著名_____马未都先生。之前,博物馆的主要游客是中老年人。_____2003年开始_____流浪猫以来,家长更愿意带着孩子一起来,既"看猫",又"看文物"。

四、理解语言点，完成句子

1.提到……，……

_____，这个孩子就开心得不得了。

2.自从……以后（以来）

_____，我认识了很多友好的中国人。

3.不失为

跳绳当然可以减肥，其实_____。

4.靠……

如果你想学好汉语，_____。

五、根据课文选择正确答案

1.根据课文第二段的信息，关于"故宫猫"，我们可以知道什么？ _____

　　A.全部都是明朝时"宫猫"的后代

　　B.每一只都有自己的名字

　　C.受到游客喜爱是因为它们很可爱

2.根据上下文，第二段中"其实在中国的明朝（1368—1644 年），住在故宫的皇室贵族就开始养猫"一句的意思是什么？ _____

　　A.人们在故宫养猫的历史很短

　　B.人们在故宫养猫的历史很长

　　C.人们在故宫养猫的历史不短也不长

3.根据上下文，第三段中"微博发出几个小时后就获得一万多条评论"一句的意思是什么？ _____

　　A.时间很长，评论很多

　　B.时间很短，评论很多

　　C.时间很长，评论很少

4.以下关于乐乐的说法，正确的是哪些？（多选题）_____

　　A.它是一条流浪狗，在莫高窟长大

　　B.2018 年 3 月，乐乐就已经是"莫高窟代言人"了

　　C.乐乐更喜欢住在莫高窟，不愿意住在工作人员的家里

5.根据课文第四段和第五段的信息，以下哪个说法是正确的？ _____

　　A.以前，去观复博物馆参观的游客全部都是中老年人

　　B.如果博物馆想受到大家的欢迎，只要养一些猫和狗就可以了

　　C.博物馆可以把"宠物"和"文物"结合起来，展示优秀的历史文化

六、根据课文回答问题

1.故宫博物院和游客是怎样"宠爱"故宫猫的？

2.读完课文，如果让你用一个词来描述"故宫"，你会用哪个词？ 为什么？

3.你觉得博物馆"请"小动物作为"代言人"好吗？ 为什么？

4.利用课余时间，看一看各博物馆的微博，谈谈你的感受。

第十一课 浪漫的西塘汉服节

　　西塘是中国浙江的一个小镇。这个镇上都是木头房子，房顶是灰色的。镇上有一条小河，人们可以坐船从石桥下面穿过去。小河两边是商店，平时十分热闹，在庆祝特别节日的时候更是人山人海，这个特别的节日就是"汉服节"。

　　汉服节那天，西塘到处都是穿着古代衣服的人。人在西塘，仿佛来到古代，有人甚至会用古人的方式打招呼。汉服节有很多有趣的活动，比如正在举行的水上婚礼，人群中有人喊："快看快看，新郎新娘来了！"只见两条挂着红灯笼和大红花的船正顺着河流驶来，看起来十分特别。新郎和新娘穿着大红色的汉服，向岸上的人们抛出一把把喜糖。

　　一对年轻男女正站在一起拍照。原来，他们是通过"抛绣球"认识的。这个女孩叫小寒，她参加了一个活动，就是把手里的"绣球"扔给喜欢的人。由于第一次参加这种活动，小寒难免有些紧张，在台上站半天也不知道扔给谁好，突然看到一个男青年正注视着她，于是就把绣球往男青年那里一扔，男青年稳稳地接住球，周围的人们热情欢呼，看穿汉服的女孩扔"绣球"，人们仿佛回到千百年前。这个男青年叫羽笛，接住绣球之后，他上台给大家吹笛子。羽笛请小寒帮他拿着麦克风，小寒拿麦克风的时候，既兴奋又紧张，她不敢看羽笛的眼睛，有些手足无措，而羽笛很开心，他说这支曲子是送给小寒的。羽笛吹完笛子，台下掌声响个不停。

　　下了台，小寒和羽笛被大家围住拍照，人们纷纷送去祝福。到了晚上，小寒和羽笛都换了另外一套衣服，他们约好一起去坐船。羽笛穿的是蓝灰色，小寒穿的是浅紫色，两人长衣飘飘，格外漂亮。小寒先送给羽笛一个玉佩，

西塘
Xītáng
Xitang, a town of Zhejiang Province

浙江
Zhèjiāng
Zhejiang, a province of China

石桥
shíqiáo
stone bridge

汉服
Hànfú
Han Chinese costume

抛
pāo
throw

绣球
xiùqiú
embroidered ball

麦克风
màikèfēng
microphone

玉佩
yùpèi
jade pendant

接着两个人一起上船，羽笛把玉佩挂在身上，然后吹起笛子，小船在笛声中顺着河流慢慢前进。

　　这就是西塘汉服节，有的人在这里欣赏到各式各样的汉服，有的人在这里体验到身在古代的感觉，也有人在这里寻找到属于自己的浪漫。

生 词

1.木头	mùtou	名（n.）	wood，timber
2.人山人海	rénshān-rénhǎi		oceans of people，crowded
3.仿佛	fǎngfú	副/动（adv./v.）	as if/seem
4.群	qún	量/名（m./n.）	group，flock，herd/crowd，group
5.喊	hǎn	动（v.）	to shout，to yell
6.新郎	xīnláng	名（n.）	bridegroom
7.灯笼	dēnglong	名（n.）	lantern
8.岸	àn	名（n.）	bank，shore，coast
9.青年	qīngnián	名（n.）	youth，young people
10.注视	zhùshì	动（v.）	to gaze at，to look attentively at
11.稳	wěn	形（adj.）	stable，steady
12.欢呼	huānhū	动（v.）	to hail，to cheer，to acclaim
13.吹	chuī	动（v.）	to blow，to play wind instruments
14.笛子	dízi	名（n.）	(bamboo)flute
15.手足无措	shǒuzú-wúcuò		not knowing how to manage a difficult situation，have no idea what to do
16.曲子	qǔzi	名（n.）	tune，song，melody
17.掌声	zhǎngshēng	名（n.）	applause，clapping
18.纷纷	fēnfēn	形/副（adj./adv.）	one after another/in succession
19.祝福	zhùfú	动（v.）	to bless，to wish
20.浅	qiǎn	形（adj.）	shallow，(of colors)light
21.紫	zǐ	形（adj.）	purple
22.飘	piāo	动（v.）	to float(in the air)，to waft，to flutter
23.格外	géwài	副（adv.）	especially，extraordinarily
24.欣赏	xīnshǎng	动（v.）	to enjoy，to appreciate，to admire

25.各式各样	gèshì gèyàng		of various types, in various ways, every kind of
26.体验	tǐyàn	动(v.)	to feel and experience
27.属于	shǔyú	动(v.)	to belong to, to be part of

语言点例句

1.仿佛

(1)看到这张照片,我仿佛又回到了二十年前。

(2)美丽的夜晚,天上的星星仿佛在向我们眨眼睛。

2.顺着……

(1)顺着这条路一直走,就能看见中国银行了。

(2)汗水顺着他的脸一直往下流。

3.难免

(1)李奶奶一个人生活,难免有些孤独,所以我送给她一只小狗。

(2)刚学习汉语时难免会遇到困难,我们要努力解decided。

4.不知道……好

(1)我第一次见他非常紧张,不知道说什么好。

(2)看着他难过的样子,我不知道怎么安慰他才好。

5.纷纷

(1)秋天到了,树叶纷纷落在地上。

(2)下课了,同学们纷纷走出教室,去操场上玩儿。

课后练习

一、快速阅读课文,选择正确答案

1.第一段中词语"人山人海"可能是什么意思?　_____

　　A.有石桥有小河有人　　　　　　　B.人非常多

　　C.不太热闹　　　　　　　　　　　D.非常开心

2.根据前后文,第二段中为什么说"人在西塘,仿佛来到古代"?　_____

　　A.西塘是古代的一个地名

　　B.西塘的人都是古代的人

　　C.西塘在"汉服节"的时候有一些古代特色

　　D.西塘的石桥历史很长

3.第二段中的这句话"只见两条挂着红灯笼和大红花的船正顺着河流驶来"说的是什么活动？_____

  A.水上婚礼   B.抛绣球   C.坐船拍照   D.体验汉服

4.文中第三段，作者最想说明什么？_____

  A.一对男女在拍照片   B.介绍小寒和羽笛认识的过程

  C.小寒和羽笛以前是好朋友   D."抛绣球"是一项很古老的运动

5.根据第三段，小寒对羽笛可能是什么感觉？_____

  A.无所谓   B.害怕   C.讨厌   D.喜欢

6.第三段中词语"手足无措"是什么意思？_____

  A.手和脚不能动 B.不知道做什么 C.开心   D.害怕

7.根据第四段，人们对小寒和羽笛的态度是怎样的？_____

  A.友好的   B.不在乎的   C.批评的   D.着急的

8.课文第五段中说"也有人在这里寻找到属于自己的浪漫"，这句话是什么意思？

_____

  A."汉服节"很浪漫   B.有的人找到了爱情

  C.有的人的汉服很漂亮   D.有的人觉得古代很浪漫

二、选词填空

  格外 欣赏 属于 各式各样 吹 喊 注视 祝福

1.雪地上骑车要_____小心。

2.在那家商店可以看到_____的灯具。

3.他们_____着她的每一个动作。

4.春天的风_____在脸上，好舒服啊！

5.全家人共同_____爷爷生日快乐，健康长寿。

6.坐在火车里，我静静地_____着窗外美丽的景色。

7.小华希望能有一台_____自己的电脑。

8.大卫：外面有人在_____什么？

  小张：不清楚，不过声音听起来挺生气的。

三、根据课文填空

1.西塘"汉服节"那天_____，十分热闹。人们穿汉服，用古人方式打招呼，仿佛_____。

2.水上婚礼中，两条船挂着大红花和灯笼_____驶来，十分特别。

3.小寒第一次参加"抛绣球"活动，_____有些紧张，她看到一个年轻男青年正在_____着她，于是就把绣球扔给他。

4.羽笛会_____，他上台吹了一支_____送给小寒，台下的人们都为他们鼓掌。

5.晚上他们约好一起去坐船，羽笛在船上_____，小船在笛声中_____河流慢慢前进。

四、理解语言点，完成句子

1. 仿佛

这个小城太美了，_____。

2. 顺着……

①我注视着窗外的雨水。②雨水顺着窗户往下流。（请把两个句子变成一个句子）

_____。

3. 难免

他独自一人在国外这么长时间，_____。

4. 不知道……好

这两件都很漂亮，_____。

5. 纷纷

洁白的雪花仿佛一片片鹅毛，_____。

五、综合填空

很多人认为"抛绣球"是中国古代某些地区的一种____1____。据说，一些富贵家庭的女儿到了结婚年龄，可能会采取____2____方式来决定自己的婚姻：求婚者聚集在女孩儿的绣楼下面，女孩看到自己喜欢的人就会把绣球向他抛去，谁接到绣球谁就会成为女孩儿未来的丈夫。这种求婚方式在一些影视作品里也可以看到，大部分都有一个美好____3____的结尾，然而在现实生活中实行起来比较困难。现在，"抛绣球"已经____4____，在广西很多地方都很流行，这种运动也受到人们的欢迎和喜爱。

1. A.愿望　　　B.规定　　　C.习俗　　　D.计划

2. A.以上　　　B.以下　　　C.以前　　　D.以后

3. A.浪漫　　　B.真实　　　C.继续　　　D.自信

4. A.改变了其中的规则　　　　　　B.得到了政府的保护

　　C.创新了很多技术　　　　　　D.发展成了一项娱乐运动

六、根据课文选择正确答案

1. 根据第一段，我们可以知道什么？（多选题）_____

　　A.西塘的位置

　　B.西塘有木头房子和小河

　　C.西塘有"汉服节"

2. 根据第二段中下面这段话，我们可以知道什么？（多选题）_____

　　只见两条挂着红灯笼和大红花的船正顺着河流驶来，看起来十分特别。新郎和新娘穿着大红色的汉服，向岸上的人们抛出一把把喜糖。

　　A.两条船顺着河流驶来

　　B.船上挂着红灯笼和大红花

　　C.新郎新娘扔给人们喜糖

3.根据第三段中下面这句话，我们可以知道什么？ _____

由于第一次参加这种活动，小寒难免有些紧张，在台上站半天也不知道扔给谁好，突然看到一个男青年正注视着她，于是就把绣球往男青年那里一扔，男青年稳稳地接住球，周围的人们热情欢呼。

    A.小寒刚开始不知道把绣球给谁

    B.小寒一点也不紧张

    C.男青年周围的人拿到了绣球

4.根据第四段中下面这句话，我们可以知道什么？（多选题）_____

小寒先送给羽笛一个玉佩，接着两个人一起上船，羽笛把玉佩挂在身上，然后吹起笛子，小船在笛声中顺着河流慢慢前进。

    A.羽笛在船上吹笛子

    B.玉佩是可以挂在身上的

    C.羽笛送给了小寒一个笛子

5.请为最后一段总结一句话。 _____

    A.欣赏汉服

    B.体验古代

    C."汉服节"人们的收获

七、根据课文回答问题

1."汉服节"有什么活动？小寒和羽笛是通过什么活动认识的？

2.小寒为什么把绣球抛给羽笛？

3.羽笛接住绣球以后，他做了什么？小寒有什么反应？

4.晚上小寒和羽笛有什么活动？

5.人们在"汉服节"可以有什么收获？

第十二课　一双巧手，变废为宝

　　喝完饮料的易拉罐，你会用它做什么呢？也许你想不到，一个个看着普通的易拉罐，在中国女孩雁鸿手里却变成了神奇美丽的宝贝。

易拉罐
yìlāguàn
pop-top can

　　雁鸿是一位中国文化手工艺人，她可以用易拉罐、铜丝等最普通的材料做出漂亮的古代风格装饰品。她曾经是一名护士，并未专门学习过艺术创作，在医院工作两年后，经过慎重考虑，决定辞去医院的工作，做自己喜欢的事情。辞职后，雁鸿的生活并未变得轻松。她开始了辛苦的创业，开过服装店，也做过化妆师。

　　一次偶然的机会，雁鸿对古风饰品产生了强烈的兴趣，于是她开始认真学习制作方法，试着将制作过程拍成视频上传到网络。在一部很流行的古装电视剧播出后，她做出了一个跟剧中一模一样的漂亮头饰，吸引了许多人的关注。到目前为止，雁鸿在 bilibili 和 YouTube 网络平台上已经拥有 34 万粉丝。后来，她花了 15 天时间，用 18 个易拉罐制作出京剧中既复杂又美丽的凤冠，更是让大家惊叹不已。此外，她还以视频的形式教学，网友们观看视频的时候，可以跟着她一起学习制作饰品。

bilibili
It is a Chinese video sha-ring website, themed a-round animation, comic and games, where users can submit, view and add overlaid commentary on videos. Its Chinese name is "哔哩哔哩" which is u-sually pronounced by Chi-nese "bilibili".
凤冠
fèngguān
phoenix crown
牛津大学
Niújīn Dàxué
University of Oxford

　　2019 年，雁鸿应英国文化机构的邀请，参加了英国牛津大学举办的一个文化活动。活动中，她和国外粉丝分享成长故事和手工作品，她说，每个古风饰品都有一个故事，每件作品都是自己的宝贝。在雁鸿看来，中国传统文化是一座巨大的宝库，里面有很多东西可以挖掘和运用。国内外之所以这么多人喜欢她的作品，是因为她能用一双巧手变废为宝，让大家看到中国古代的精致物品。

　　雁鸿的故事不仅仅是一双巧手的故事，更是一个关于梦想的故事。梦想不怕晚，只怕不够热爱和不够坚持。

希望每个人都可以做自己真正喜欢的事情，坚持不懈地
努力，让梦想变为 现实 。

生 词

1.宝贝	bǎobèi	名(n.)	treasure，rare object，baby
2.手工艺人	shǒugōngyìrén		craftsman
3.铜丝	tóng sī		copper wire
4.创作	chuàngzuò	动/名(v./n.)	to create/creation
5.慎重	shènzhòng	形(adj.)	careful，cautious，prudent
6.辞职	cízhí	动(v.)	to quit a job，to resign
7.创业	chuàngyè	动(v.)	to start a business
8.服装	fúzhuāng	名(n.)	clothing，costume
9.化妆师	huàzhuāngshī		a makeup artist
10.偶然	ǒurán	形/副(adj./adv.)	accidental/accidentally
11.饰品	shìpǐn	名(n.)	ornament
12.强烈	qiángliè	形(adj.)	strong and vehement
13.上传	shàngchuán	动(v.)	to upload
14.古装	gǔzhuāng	名(n.)	ancient costume
15.播出	bōchū		to broadcast，to telecast，to be on the air
16.一模一样	yìmú yíyàng		be exactly alike，as like as two peas in a pod
17.头饰	tóushì	名(n.)	head ornament，headgear
18.拥有	yōngyǒu	动(v.)	to own，to possess
19.粉丝	fěnsī	名(n.)	fans
20.机构	jīgòu	名(n.)	organization，institution
21.巨大	jùdà	形(adj.)	huge，enormous
22.宝库	bǎokù	名(n.)	treasure-house，treasury
23.挖掘	wājué	动(v.)	to dig，to excavate，to unearth
24.巧	qiǎo	形(adj.)	clever，glib，deft
25.变废为宝	biànfèi-wéibǎo		turn waste into wealth，trash to treasure

| 26.精致 | jīngzhì | 形(adj.) | fine, exquisite, delicate |
| 27.现实 | xiànshí | 名/形(n./adj.) | reality/real |

语言点例句

1."偶尔"和"偶然"

(1)我周末常常跑步,偶尔踢足球。

(2)我们只是偶尔去饭店吃饭,一般都在家里做。

(3)一次偶然的机会,我认识了这位企业家。

(4)我偶然在街上遇到了多年不见的老朋友。

2.对……产生了……

(1)从中国旅游回来后,我对学习汉语产生了兴趣。

(2)科技的发展对我们的生活产生了重要的影响。

3.一模一样

(1)这对姐妹长得一模一样,分不清谁是姐姐谁是妹妹。

(2)这两件衣服的颜色一模一样。

4.应……邀请/要求

(1)应马丁的邀请,我们参加了他的生日聚会。

(2)应学生的要求,学校增加了两门语言课。

5.不怕……只怕……

(1)我不怕你做错事,只怕你不诚实。

(2)我不怕工作时间长,只怕家里的孩子没人照顾。

课后练习

一、快速阅读课文,选择正确答案

1.根据上下文,第一段中的"宝贝"指什么? _____

　　A.易拉罐　　　　B.手工艺人　　　　C.铜丝　　　　D.古风装饰品

2.雁鸿学的专业是什么? _____

　　A.医学　　　　B.艺术　　　　C.服装　　　　D.化妆

3.根据第二段,雁鸿对什么产生了兴趣? _____

　　A.易拉罐　　　　B.京剧　　　　C.古代风格的饰品　　　　D.视频

4.网友通过什么形式跟雁鸿学习制作饰品? _____

　　A.书　　　　B.电视　　　　C.视频　　　　D.广播

5.雁鸿的手工作品可能跟什么有很大关系？_____

    A.英国传统文化   B.中国传统文化   C.大学专业   D.宝库

6.从雁鸿的故事里，我们可以看出她有什么精神？_____

    A.助人为乐   B.团队合作   C.坚持不懈   D.诚实正直

二、选词填空

创作   辞职   创业   强烈   上传   拥有   精致   偶然   偶尔

1.现在的工作很枯燥，因此她决定_____。

2.现在很多大学生毕业后不是去公司工作，而是自己_____。

3.无论男女，我们都_____平等的权利。

4.这个工艺品做得太_____了。

5.家长们_____要求学校给孩子们减少作业量。

6.她花了十年时间才_____出这样一个伟大的作品。

7.他学习成绩一般，但_____也能得一两次高分。

8.我遇见她完全是_____的。

9.小陈：我昨天把照片_____到这个网站上了。

    小马：我看到了，太美了，可惜我不会下载。

三、根据课文填空

1.雁鸿以前是一名护士，可是后来她_____了，开始自己_____。

2.一次_____的机会，雁鸿对古风饰品产生了_____。她开始学习并把制作过程的视频_____到网上。后来她做出了一个头饰，这个头饰跟一部热播电视剧中的_____。

3.2019年，雁鸿_____一所英国文化机构_____，参加了一个文化活动。

4.国内外之所以这么多人喜欢她的作品，_____她能用一双巧手_____，让大家看到中国古代的_____物品。

5.通过雁鸿的故事，我们知道梦想不怕_____，只怕_____。

四、理解语言点，完成句子

1.对……产生了……

她父母都是画家，受他们的影响，她从小就_____。

2.一模一样

_____，很难看出哪幅是真的，哪幅是假的。

3.应……邀请/要求

她_____，于今年五月参加了中欧文化交流大会。

4.不怕……只怕……

要想自己创业，_____，_____。

五、综合填空

古代女子的头上饰品__1__，有笄、簪、钗、步摇、华胜等，这些头饰有的简单大方，有的

　　__2__ 华美。近些年来，随着"汉服运动"的兴起以及古装剧的 __3__，现在的人们也开始 __4__，这些古风饰品又回到人们的日常生活里。

    1.A.多种多样　　　　B.一模一样　　　　C.鲜艳夺目　　　　D.百里挑一

    2.A.慎重　　　　　　B.精致　　　　　　C.神秘　　　　　　D.繁华

    3.A.鼓励　　　　　　B.吸引　　　　　　C.热播　　　　　　D.神奇

    4.A.戴起古代的发饰　　　　　　　　B.放弃了现代服装

      C.唱起古代的歌谣　　　　　　　　D.学习古代的文化

六、根据课文选择正确答案

1.在文中第二段，作者最想介绍什么？ _____

    A.雁鸿以前的经历

    B.雁鸿现在的状况

    C.雁鸿的艺术创作

2.根据第三段中这段话，我们可以知道什么？（多选题）_____

    于是她开始认真学习制作方法，试着将制作过程拍成视频上传到网络。在一部很流行的古装电视剧播出后，她做出了一个跟剧中一模一样的漂亮头饰，吸引了许多人的关注。

    A.雁鸿把饰品制作过程拍成视频，上传到网上

    B.雁鸿按照电视剧里的头饰做了一个一样的

    C.雁鸿发明了这种头饰的样式

3.根据第三段中这句话，什么让大家感到非常惊叹？ _____

    她花了15天时间，用18个易拉罐制作出京剧中既复杂又美丽的凤冠，更是让大家惊叹不已。

    A.易拉罐

    B.京剧

    C.凤冠

4.在文中第三段，作者最想介绍什么？ _____

    A.雁鸿不喜欢医学

    B.雁鸿如何开始古风饰品创作之路

    C.雁鸿如何爱上古风饰品的

5.根据第四段中这段话，为什么大家都喜欢雁鸿的作品？ _____

    在雁鸿看来，中国传统文化是一座巨大的宝库，里面有很多东西可以挖掘和运用。国内外之所以这么多人喜欢她的作品，是因为她能用一双巧手变废为宝，让大家看到中国古代的精致物品。

    A.她把中国传统文化融入到作品中

    B.她能把所有的材料都变成宝贝

    C.她找到中国古代的物品

七、根据课文回答问题

1.雁鸿以前做过什么工作？现在呢？

2.雁鸿对古风饰品产生兴趣以后，她做了什么？

3.雁鸿对中国传统文化是什么态度？

4.请你说说什么是"变废为宝"，你身边有这样的例子吗？

古韵风华

第十三课　学习书法的心得

大卫：

　　你好！

　　很高兴收到你的邮件。你在来信中提到想学习中国书法，希望我可以介绍一下关于书法的学习经验，所以我认真回忆了自己的学习经历，希望对你有帮助。

　　中国书法是中国汉字特有的传统艺术——用艺术化的汉字表现传统文化的魅力。中国古代有很多著名的书法家，他们留下的书法作品都是珍贵的文化遗产。

　　在妈妈的鼓励下，我七岁就开始学习书法。但是，学习书法并没有想象中那么轻松。首先，要学习如何握笔。这看起来简单，却最容易出错。学会握笔后，就开始练习基本的笔画，横、竖、撇、捺、点，一遍又一遍，直到把这些笔画都练好为止。练习了基本笔画后，我开始写完整的字。刚开始时，即使是很简单的字，写出来也总是歪的斜的。后来，老师告诉我，汉字由不同的部分组成，偏旁有高低大小的区别，写的时候要注意布局，写出来的字才好看。学了这么长时间的书法，我也懂得了一些道理：写字前，先要仔细观察字的结构，在心里思考该如何运笔；写的时候一定要用心和专注；写完之后要和书上的字进行对比，仔细观察哪里写得好，哪里写得不好，总结经验教训，再继续练习。

　　中国书法有不同风格的字体，比如，草书、楷书、行书。楷书端正，草书潇洒，每一种字体都有它独特的魅力。学习中国书法，不仅要学这个字怎么写，更要了解这个字的意义和它背后的文化。比如，"明"这个字由"日"和"月"组成，"日"和"月"都是会发光的东西，所以"明"就表示明亮。最后，也是很重要的一点，写字的过程中，一定要放下一切烦恼和忧愁，以便保持内心的平静。因为只有内心平和，注意力集中，才能写出好看的字。现在，我仍然坚持每天都练习书法，这已经成为我生命中不可缺少的一部分。

希望我的学习经历能让你对书法有更多的了解，也希望你能坚持不懈地练习，对中国文化有更多的认识。如果你还有其他想了解的事情，尽管联系我。

祝一切顺利！

你的朋友：小陈

2022 年 5 月 20 日

生　词

1.书法	shūfǎ	名(*n.*)	calligraphy
2.回忆	huíyì	动(*v.*)	to call to mind，to recall，to recollect
3.珍贵	zhēnguì	形(*adj.*)	valuable，precious
4.遗产	yíchǎn	名(*n.*)	heritage，legacy
5.基本	jīběn	形(*adj.*)	elementary，fundamental
6.横	héng	名(*n.*)	horizontal stroke(in Chinese characters)
7.竖	shù	名(*n.*)	vertical stroke(in Chinese characters)
8.撇	piě	名(*n.*)	left-falling wedge-shaped stroke (in Chinese characters)
9.捺	nà	名(*n.*)	right falling stroke(in Chinese characters)
10.歪	wāi	形(*adj.*)	askew，slanting
11.斜	xié	形(*adj.*)	oblique，slanting
12.组成	zǔchéng	动(*v.*)	to form，to constitute
13.布局	bùjú	名/动(*n./v.*)	layout，composition/to arrange，to lay out
14.结构	jiégòu	名(*n.*)	structure
15.思考	sīkǎo	动(*v.*)	to think deeply，to ponder
16.运笔	yùnbǐ	动(*v.*)	(in writing or painting)to wield the pen
17.专注	zhuānzhù	形(*adj.*)	concentrated，absorbed
18.教训	jiàoxùn	名(*n.*)	lesson，moral
19.草书	cǎoshū	名(*n.*)	(in Chinese calligraphy)cursive script
20.楷书	kǎishū	名(*n.*)	(in Chinese calligraphy)regular script
21.行书	xíngshū	名(*n.*)	(in Chinese calligraphy)semi-cursive script

22.端正	duānzhèng	形(adj.)	straight
23.潇洒	xiāosǎ	形(adj.)	natural and unrestrained
24.忧愁	yōuchóu	形(adj.)	worried, depressed
25.平静	píngjìng	形(adj.)	calm, tranquil, peaceful
26.集中	jízhōng	形/动(adj./v.)	concentrated/to concentrate, to focus

语言点例句

1.n/adj.＋化(表示转变成某种性质或状态)

(1)随着公司的快速发展,它的专业化程度、信息化水平越来越高。

(2)现在手机的功能越来越多,人们的日常生活也变得更加智能化。

2.直到……为止

(1)舞蹈老师一遍一遍地教这个动作,直到每个人都学会为止。

(2)你一定要坚持做下去,直到这件事成功为止。

3.由……组成

(1)"明"这个汉字由"日"和"月"两个部分组成。

(2)这个学院由三个专业组成。

4.以便

(1)学校设立了一个意见箱,以便师生提意见或建议。

(2)你要把握好时间,以便按时到达比赛地点。

5.尽管

(1)把工作交给你我很放心,你尽管按照自己的计划去做吧。

(2)如果你需要帮助,尽管告诉我,我一定帮你。

课后练习

一、快速阅读课文,选择正确答案

1.作者为什么要写这篇文章？ _____

　A.朋友要参加书法比赛　　　　　　B.教朋友怎么练书法

　C.作者是书法家　　　　　　　　　D.因为兴趣

2.根据课文,作者从几岁开始学习书法？ _____

　A.五岁　　　　　　B.六岁　　　　　　C.七岁　　　　　　D.八岁

3.根据课文,练习书法首先要练习什么？ _____

　A.握笔　　　　　　B.笔画　　　　　　C.字　　　　　　　D.结构

4.根据课文,作者开始写字为什么写得不好看? _____

    A.不认真   B.不注意汉字布局

    C.老师教得不好   D.练的时间不够

5.根据上下文,词语"运笔"的意思是什么? _____

    A.买笔   B.寄笔   C.运送笔   D.用笔写或画

6.这篇课文的体裁是什么? _____

    A.书信   B.小说   C.散文   D.议论文

二、选词填空

      回忆   珍贵   歪   思考   专注   端正   潇洒   集中

1.你仔细看一下墙上的画是不是挂_____了。

2.我这段时间在_____精力准备接下来的考试。

3.考试的时候,先要认真_____再动手答题。

4.我常常_____起小时候在奶奶家生活的画面。

5.父亲_____地看着这幅作品,很长时间里都没说话。

6.我妹妹写字写得特别_____。

7.大熊猫是一种十分_____的动物,是中国的国宝。

8.爸爸穿上这套西服,显得特别_____。

三、根据课文填空

1.中国古代有很多_____的书法家,他们留下的书法作品,都是特别_____的文化_____。

2.学习_____要练习_____的笔画,包括_____、_____、_____、_____、_____。

3.中国书法有不同_____的字体,比如,_____、_____、_____等,每一种字体都有它_____的_____。

4.在练习书法的过程中,一定要_____,以便_____。

四、理解语言点,完成句子

1.直到……为止

爷爷一直向我挥手,_____。

2.由……组成

我们这个班级是_____。

3.以便

老师为同学们指出了重点,_____。

4.尽管

_____,我们会帮助你的。

五、根据课文判断对错

1.这是一封回信。   (   )

2.作者有很多年学习书法的经验。   (   )

3.作者一开始写字就写得很好。　　（　　　）

4.学习书法也需要多思考。　　　　　（　　　）

5.作者现在已经不再写书法了。　　　（　　　）

六、根据课文选择正确答案

1.根据第三段中这句话,我们可以知道什么?(多选题)＿＿＿＿＿

中国书法是中国汉字特有的传统艺术——用艺术化的汉字表现传统文化的魅力。

　　A.中国书法是一种艺术化的汉字

　　B.中国书法是中国的传统艺术

　　C.中国书法能够表现中国传统文化

2.根据第四段中这段话,我们可以知道什么?　＿＿＿＿＿

刚开始时,即使是很简单的字,写出来也总是歪的斜的。后来,老师告诉我,汉字由不同的部分组成,偏旁有高低大小的区别,写的时候要注意布局,写出来的字才好看。

　　A.写字要从简单的字开始写

　　B.写字要注意汉字各部分的布局

　　C.写字要多花时间练习

3.根据第五段中这段话,作者最想说明的是什么?　＿＿＿＿＿

最后,也是很重要的一点,写字的过程中,一定要放下一切烦恼和忧愁,以便保持内心的平静。因为只有内心平和,注意力集中,才能写出好看的字。

　　A.写字好看要内心平和

　　B.写字好看要认真准备

　　C.写字好看不重要

4.根据第六段中这句话,作者最想说明的是什么?　＿＿＿＿＿

如果你还有其他想了解的事情,尽管联系我。

　　A.特别愿意提供帮助

　　B.不愿意提供帮助

　　C.不知道要不要提供帮助

5.这篇课文的主要内容是什么?　＿＿＿＿＿

　　A.小陈学习书法的经历和他的心得

　　B.大卫学习书法的经历和他的心得

　　C.小陈和大卫互相介绍自己的邮件

七、综合填空

艺术讲究的是对比变化,在对比变化中让人产生美感,书法亦然。字是由点画组合而成的,＿＿1＿＿是同一个字,不同＿＿2＿＿的点画和不同的组合就会产生不同风格的字。例如,柳公权的点画形态瘦劲,颜真卿的点画则丰满肥硕;柳公权将点画靠近字的中间使中间＿＿3＿＿,加上瘦硬的点画,就形成清秀俊朗的风格;而颜真卿将点画向字的＿＿4＿＿挪移使中间空朗,加上肥壮的点画,就形成雍容大度的风格。

1.A.即使　　　B.但是　　　C.因为　　　D.并且

2.A.标准　　　B.形态　　　C.姿态　　　D.独特

3.A.联系　　　B.密切　　　C.完整　　　D.紧密

4.A.下面　　　B.中间　　　C.四周　　　D.上面

八、根据课文回答问题

1.根据课文内容，小陈学习书法的步骤是什么？

2.学习书法让小陈懂得的道理是什么？

3.课文中提到了"明"字的构成，你还能想到类似结构的中国汉字么？举例说明。

第十四课　诗词千里寄真情

"执子之手，与子偕老"，正在学习汉语的你也许读过这著名的诗句。意思是：拉着你的手，和你一起变老。现在，人们通常用这句诗表达与爱人相伴一生的承诺。但你知道吗，这句诗出自两千多年前中国第一部诗集——《诗经》。我们今天要讲的故事，也和《诗经》有关。

2020年1月，中国出现新冠病毒疫情，在这个困难时刻，许多国家给予中国帮助和支持。有的国家寄了口罩和手套，有的国家寄了防护服。其中，来自日本的物资包裹上写着这样一句诗"岂曰无衣，与子同裳"，它的意思是：谁说我们没有衣服穿，我们共同分享战衣。实际上，这句诗就出自《诗经》，表达了日本人民愿意和中国人民一起克服困难、战胜疫情的愿望。这件事在中国的微博上引起热烈的讨论，得到不少网友的赞美，因为中国人民从这句诗中感受到真情与爱心。后来，有记者了解到，这句诗是在一位中国留学生的推荐下使用的。

故事并未结束。作为礼仪之邦，珍惜友谊是中国的传统。为表达感激之情，在控制疫情后，中国立即开始帮助其他受疫情影响的国家。同样，中国在向他国提供物资时，也结合对方的文化，精心选择了一些诗句。2020年3月，企业家向日本捐了百万只口罩，这些物资的箱子上写着"青山一道，同担风雨"，体现中国将与日本共同战胜困难的决心。中国河南省在捐助韩国的物资上写"相知无远近，万里尚为邻"，这句话出自唐朝的一首诗，意思是：只要互相了解，就不在乎住得远近；哪怕相隔万里，也像住在隔壁。

执子之手，与子偕老。
Zhí zǐ zhī shǒu, yǔ zǐ xié lǎo.
Holding your hand, and aging with you.

诗经
Shījīng
The Book of Songs

新冠病毒
Xīnguān Bìngdú
Coronavirus

岂曰无衣，与子同裳。
Qǐ yuē wú yī, yǔ zǐ tóng cháng.
Fear not the want of armor, for mine is also yours to wear.

青山一道，同担风雨。
Qīngshān yídào, tóng dān fēngyǔ.
Like the mountain range that stretches before you and me, let's share the same trials and hardships together.

河南省
Hénán Shěng
Henan Province

相知无远近，万里尚为邻。
Xiāngzhī wú yuǎnjìn, wànlǐ shàng wéi lín.
Good friends feel close even when they are thousands of miles apart.

唐朝
Tángcháo
Tang Dynasty

此外，中国在给俄罗斯、意大利和伊朗等国家的物资上，也写了暖心的诗句。这些诗句既展现了优秀的诗歌文化，又促进了彼此友谊的发展，虽然它们来自几百年甚至几千年前，却在今天发挥了特殊作用，所以从今天起，让我们一起了解中国的诗歌文化吧。

俄罗斯
Éluósī
Russia
伊朗
Yīlǎng
Iran

生 词

1.诗	shī	名(*n.*)	poem
2.表达	biǎodá	动(*v.*)	to express
3.承诺	chéngnuò	动(*v.*)	to promise
4.疫情	yìqíng	名(*n.*)	epidemic situation
5.给予	jǐyǔ	动(*v.*)	to give, to offer
6.口罩	kǒuzhào	名(*n.*)	face mask, surgical mask
7.手套	shǒutào	名(*n.*)	gloves, mittens
8.物资	wùzī	名(*n.*)	goods and materials
9.包裹	bāoguǒ	名/动(*n./v.*)	bundle, parcel, package/ to dress, to wrap
10.克服	kèfú	动(*v.*)	to overcome, to conquer
11.战胜	zhànshèng	动(*v.*)	to defeat, to overcome
12.愿望	yuànwàng	名(*n.*)	wish, hope
13.热烈	rèliè	形(*adj.*)	animated, enthusiastic, warm
14.赞美	zànměi	动(*v.*)	to praise, to extol
15.真情	zhēnqíng	名(*n.*)	true feelings, real sentiments
16.爱心	àixīn	名(*n.*)	love, compassion
17.推荐	tuījiàn	动(*v.*)	to recommend
18.礼仪之邦	lǐyí zhī bāng		land of courtesy and propriety, state of ceremonies
19.珍惜	zhēnxī	动(*v.*)	to cherish, to treasure
20.立即	lìjí	副(*adv.*)	immediately, at once
21.企业家	qǐyèjiā		entrepreneur
22.捐	juān	动(*v.*)	to donate, to contribute
23.体现	tǐxiàn	动(*v.*)	to manifest, to reflect
24.决心	juéxīn	名/动(*n./v.*)	determination/to make up one's mind
25.首	shǒu	量(*m.*)	measure word for poems and songs

26.在乎	zàihu	动(v.)	to care, to mind
27.隔壁	gébì	名(n.)	next door
28.展现	zhǎnxiàn	动(v.)	to unfold before one's eyes, to show
29.促进	cùjìn	动(v.)	to promote, to accelerate
30.彼此	bǐcǐ	名(n.)	each other

语言点例句

1.出自
(1)这句话居然出自小学生的文章,令人惊讶。
(2)你知道"青山一道,同担风雨"出自哪首诗吗?

2.在……时刻
(1)在这个关键时刻,他做出了一个重要的决定。
(2)在最困难的时刻,她坚持了下来,最后取得了成功。

3.(不)在乎
(1)老师批评了他,但他却一点儿也不在乎。
(2)她非常在乎别人对她的看法。

4.哪怕……也……
(1)哪怕遇到再大的困难,我们也能克服。
(2)哪怕你什么礼物也没买,只要你回家了,她就很开心。

5.彼此
(1)他和妻子已经结婚十年了,彼此十分了解。
(2)朋友之间只有彼此关心,才能拥有长久的友谊。

课后练习

一、快速阅读课文,选择正确答案

1.根据上下文,第一段中的"执子之手,与子偕老"现在可能用于什么人之间? _____
　　A.老师和学生之间　　　　　　　B.父母和孩子之间
　　C.夫妻之间　　　　　　　　　　D.好朋友之间

2.课文第二段主要讲了什么? _____
　　A.中国战胜了新冠病毒疫情　　　B.全世界都有新冠病毒
　　C.日本捐助的物资包裹上写有诗词　D.中国支持和帮助别的国家

3.根据课文第二段,其他国家为中国捐助的物资中,不包括下面哪一个? _____

　　A.口罩　　　　　　　B.手套　　　　　　　C.防护服　　　　　　D.战衣

4."相知无远近,万里尚为邻"是中国捐助给哪个国家物资上的诗句? _____

　　A.日本　　　　　　　B.韩国　　　　　　　C.意大利　　　　　　D.伊朗

5.以下哪句是唐朝的诗? _____

　　A.青山一道,同担风雨　　　　　　　　B.岂曰无衣,与子同裳

　　C.相知无远近,万里尚为邻　　　　　　D.以上都不是

6.根据上下文,第三段中"礼仪之邦"的"邦"是什么意思? _____

　　A.地区　　　　　　　B.城市　　　　　　　C.地方　　　　　　　D.国家

二、选词填空

给予　　克服　　推荐　　愿望　　立即　　珍惜　　在乎

1.在他最困难的时候,老师和同学们_____了他很多帮助。

2.他向我_____了这家奶茶店。

3.大卫闭上眼睛,对着生日蛋糕许了一个_____。

4.他非常_____考试成绩。

5.看到老奶奶摔倒了,他_____冲上去帮忙。

6.只有_____时间,才能科学地管理时间。

7.在_____了许多困难之后,他终于爬到山顶。

三、根据课文填空

1._____是中国第一部诗集,已经有两千多年的历史。著名的"执子之手,与子偕老"一句就_____这本书。

2.在中国经历疫情的时候,有许多国家给中国捐助了_____、_____和_____。

3.其中,日本在捐助的物资上写下"岂曰无衣,与子同裳",这句诗体现日本希望和中国一起_____困难的_____。同时,这句诗也让中国人民感受到_____和_____,得到网友的_____。

4.为了感谢提供帮助的国家,中国_____开始帮助其他受疫情影响的国家。同样的,中国也会在物资上写一些诗句。"青山一道,同担风雨"就是其中的一句,_____了中国愿意和日本共同_____疫情的_____。

5.这些来自古代的诗句一方面_____了不同国家的诗歌文化,另一方面_____了国家间的_____。它们在疫情中发挥特殊的_____。

四、理解语言点,完成句子

1.出自

"岂曰无衣,与子同裳",这句诗_____。

2.在……时刻

①这个时候非常危险。②妈妈紧紧地抱住自己的孩子。(请把两个句子变成一个句子)

_____。

3.(不)在乎

在公司,老板不会_____,他最重视的是你做了什么。

4.哪怕……也……

小张做事很认真,_____。

5.彼此

我们是多年的好朋友,_____。

五、根据课文选择正确答案

1.根据课文第二段,日本在捐助物资上写了中国诗句,下面哪些是正确的?(多选题)

_____

　　A.日本表达和中国一起克服困难的愿望

　　B.有一位中国留学生推荐这样做

　　C.这句诗在世界上很有名

2.根据课文第二段,为什么日本物资包裹上的诗句会得到中国网友的赞美?

_____

　　A.因为这句诗在日本很流行

　　B.因为这句诗在微博上引发讨论

　　C.因为这句诗体现日本的爱心

3.根据课文第三段的这段话,我们可以知道什么?(多选题)_____

　　作为礼仪之邦,珍惜友谊是中国的传统。为表达感激之情,在控制疫情后,中国立即开始帮助其他受疫情影响的国家。

　　A.中国非常感激其他国家给予的帮助

　　B.中国帮助其他国家

　　C.其他国家未受疫情影响

4.根据课文,捐助物资上的诗句有什么作用?(多选题)_____

　　A.表达共同战胜困难的决心

　　B.让不同国家学习彼此的诗歌文化

　　C.体现温暖和真情,促进国家间的友谊

六、综合填空

　　古诗词是中国传统文化中一道美丽的___1___。近几年来,人们开始___2___诗词的学习。有人说学习诗词,会让人对花鸟草木、对他人的___3___有关怀的心;有人说人在困难的时候,读诗词能___4___;还有人说,读诗词会让人的情感世界更加丰富,会比别人多一份感悟。

1.A.习惯　　　　　B.产品　　　　　C.风景　　　　　D.结构

2.A.邀请　　　　　B.重视　　　　　C.联想　　　　　D.改善

3.A.生命　　　　　B.机会　　　　　C.道理　　　　　D.印象

4.A.保证安全　　　B.出现错误　　　C.实现梦想　　　D.获得鼓励

七、根据课文回答问题

1.课文中提到的诗句,哪一句给你留下的印象最深? 为什么?

2.想一想你会在什么情况下使用"执子之手,与子偕老"?

3."岂曰无衣,与子同裳"这句诗表达了日本人民什么愿望?

4.如果让你选择一句诗写在给中国捐助的物资上,你会选哪一句? 为什么?

5.为什么说中国是"礼仪之邦"?

第十五课　中国民乐——古筝

罗琳从小就对中国文化着迷，不光中文说得地道，而且有强烈的求知欲。这天，小红带她去看了一场中国民乐表演。

罗琳：太感谢你了，今天的演出很特别，我非常喜欢。

小红：你觉得哪儿特别？

罗琳：我觉得声音悦耳，很独特，很优美，且我感到放松、平静，仿佛来到大自然。

小红：是的，中国民族乐器演奏出来的声音确实不一样。现代人的生活节奏快，工作压力大，空闲的时候听听这种音乐，可以让他们的大脑放松，对身体有良好的调节作用。

罗琳：今天演出的乐器有好多种啊！

小红：是啊，那首《青梅煮酒》就是用四种乐器合奏的，这首曲子的难度挺大的。

罗琳：那个在中间摆放的就是古筝吗？你能给我讲讲古筝吗？

小红：对，那个是古筝，古筝有着两千五百多年的历史，最早的古筝是用五根丝和竹子做的，现在的古筝是由二十一根弦和木头制成的。

罗琳：真是历史悠久啊！怪不得它叫古筝呢，原来是从古代来的。

小红：是的，它是非常典型的中国乐器，不但声音美妙动听，而且演奏方法也多种多样，可以弹出很多动物和大自然的声音。

罗琳：太不可思议了！

小红：它还可以缓解紧张情绪，被认为有治疗作用，总之，很受中国人的喜爱。

罗琳
Luó Lín
Luo Lin, a person's name
中国民乐
Zhōngguó Mínyuè
folk music for Chinese traditional musical instruments

青梅煮酒
Qīngméi Zhǔ Jiǔ
the name of a Chinese folk music
古筝
gǔzhēng
Guzheng, a traditional Chinese musical instrument with over 2500 years of history

罗琳：原来古筝在中国这么重要啊！那个弹古筝的人就是你姐姐吗？

小红：是的。

罗琳：她真棒啊！她学了多久古筝？

小红：她从八岁开始学习弹古筝，到现在已经弹了十五年了。最初跟她一起学习古筝的很多伙伴都放弃了，她不但不放弃，反而对古筝的感情越来越深。

罗琳：真令人佩服！对了，弹古筝跟弹钢琴不一样吧？古筝是怎么弹的？

小红：先在四个手指上戴上古筝指甲，然后左手和右手一起弹，以右手为主，左手只起辅助作用。

罗琳：听起来好像有点儿难。在中国，有很多人在学习古筝吗？

小红：是的，现在对民族乐器感兴趣的人越来越多，中国有五百多万人在学古筝，也有很多古筝比赛和演出。

罗琳：在你们国家，古筝应该是最重要的民族乐器之一吧？

小红：是的，打个比方，古筝在中国民族乐器中的地位，就像钢琴在欧洲乐器中的地位一样，所以古筝被认为是"中国钢琴"。

罗琳：我也想学习弹古筝，应该去哪儿学啊？

小红：明天我带你去个地方，在那里可以学习弹古筝。

罗琳：真的吗？太好了！

生 词

1.着迷	zháomí	动（v.）	to be fascinated，to be captivated
2.地道	dìdao	形（adj.）	real，pure，typical
3.求知欲	qiúzhīyù	名（n.）	thirst for knowledge
4.场	chǎng	量（m.）	measure word for recreational events or sports
5.演出	yǎnchū	动（v.）	to perform，to put on a performance

6.悦耳	yuè'ěr	形(adj.)	pleasing (or sweet, sounding) to the ear
7.优美	yōuměi	形(adj.)	graceful, beautiful
8.乐器	yuèqì	名(n.)	musical instrument
9.演奏	yǎnzòu	动(v.)	to play(an instrument), to give an instrumental performance
10.大脑	dànǎo	名(n.)	cerebrum, great brain
11.良好	liánghǎo	形(adj.)	good, fine
12.调节	tiáojié	动(v.)	to regulate
13.难度	nándù	名(n.)	difficulty, degree of difficulty
14.弦	xián	名(n.)	string or cord of a musical instrument
15.悠久	yōujiǔ	形(adj.)	long-standing, age-old
16.怪不得	guàibude	副(adv.)	no wonder
17.典型	diǎnxíng	形/名(adj./n.)	typical/typical example, model
18.美妙	měimiào	形(adj.)	beautiful, fantastic
19.动听	dòngtīng	形(adj.)	pleasant to listen to
20.弹	tán	动(v.)	to play(a musical instrument)
21.不可思议	bùkě sīyì		inconceivable, unimaginable
22.情绪	qíngxù	名(n.)	emotion, mood
23.治疗	zhìliáo	动(v.)	to treat, to cure
24.最初	zuìchū	名(n.)	first, earliest
25.佩服	pèifú	动(v.)	to admire
26.指甲	zhǐjia	名(n.)	nail
27.辅助	fǔzhù	形/名(adj./n.)	to assist/ auxiliary, subsidiary
28.地位	dìwèi	名(n.)	position, status

语言点例句

1.怪不得……原来……

(1)怪不得你这么高兴,原来获得奖学金了,祝贺你!

(2)怪不得他没来,原来他生病了。

2.总之,……

(1)我喜欢火锅、饺子、小笼包、烤串,总之,我喜欢中国食物。

(2)他现在脾气越来越差,而且不工作,只想在家玩游戏,总之,他完全变了。

3.不但不(没)……反而……

(1)失败了这么多次,他不但不放弃,反而更努力了。

(2)吃了药,他身体不但没好,反而更严重了。

4.以……为主

（1）我们现阶段的任务是以发展经济为主。

（2）使用网络购物平台的人以年轻人为主。

5.打个比方，……

（1）中西方饮食文化有很大差异，打个比方，中国人爱喝茶，欧美人爱喝咖啡。

（2）使用外语比外语环境更重要，打个比方，有人在中国留学半年，却很少说中文，半年后中文几乎没有任何提高。

课后练习

一、快速阅读课文，选择正确答案

1.根据这句话，罗琳对中国文化是什么样的态度？_____

罗琳从小就对中国文化着迷，不光中文说得地道，而且有强烈的求知欲。

　　A.不感兴趣　　　　　B.非常喜欢　　　　　C.讨厌　　　　　D.不想了解

2."现代人的生活节奏快"，根据这句话的前后文，我们可以知道什么？_____

　　A.现代人的节日很多　　　　　　　　B.现代人要经常表演

　　C.现代人喜欢很快的生活　　　　　　D.现代人压力较大

3.根据这句话前后文，这句话中词语"合奏"是什么意思？_____

是啊，那首《青梅煮酒》就是用四种乐器合奏的，这首曲子的难度挺大的。

　　A.吹　　　　　　　B.弹　　　　　　　C.合唱　　　　　　D.合作表演

4."现在的古筝是由二十一根弦和木头制成的"，根据前后文，这句话中词语"制成"是什么意思？_____

　　A.做　　　　　　　B.控制　　　　　　C.养成　　　　　　D.弹

5."不但声音美妙动听，而且演奏方法也多种多样，可以弹出很多动物和大自然的声音"，根据前后文，这句话是什么意思？_____

　　A.古筝来自大自然　　　　　　　　B.古筝的声音有很多种

　　C.古筝跟动物很像　　　　　　　　D.中国有很多古筝

6.根据这句话的上下文，下面哪种说法正确？_____

古筝在中国民族乐器中的地位，就像钢琴在欧洲乐器中的地位一样，所以古筝被认为是"中国钢琴"。

　　A.古筝是一种很重要的中国民族乐器

　　B.古筝在欧洲乐器中有地位

　　C.钢琴在中国民族乐器中有地位

　　D.古筝和钢琴都不重要

二、选词填空

良好　悠久　怪不得　典型　佩服　治疗　地道　悦耳

1.他在中国生活了八年,汉语说得很_____。

2.当他唱歌时,声音很好听,很_____。

3.他每天都按时吃饭、睡觉和工作,有一个_____的生活习惯。

4.中国有很多历史_____的城市,我喜欢这些有故事的城市。

5._____超市里有很多人,原来在打折。

6.他喜欢喝茶,不喜欢喝咖啡,是一个_____的中国人。

7.她的英语说得特别好,我很_____她。

8.他要到医院接受特殊_____。

三、根据课文填空

1.罗琳从小就对中国文化_____,她中文说得_____,也喜欢新东西。她刚去看了一_____中国民乐表演。

2.罗琳觉得中国民乐很特别,声音_____,很独特,很_____,让她感到放松和平和。

3.小红说中国民族乐器_____出来的声音不一样。这种音乐可以让现代人的大脑感到放松,对身体有_____的_____作用。

4.古筝是一种_____的中国乐器,声音_____,_____方法多种多样,可以_____出很多动物和大自然的声音。它还可以缓解紧张的_____,被认为是一种具有_____作用的音乐。

5.小红的姐姐很小就开始学习_____古筝,最初跟她一起学习古筝的很多伙伴都放弃了,但她_____放弃,_____对古筝的感情越来越深。她弹古筝时,先在四个手指上戴上古筝指甲,然后左手和右手一起弹,以右手_____,左手_____。

6.在中国的民族乐器中,古筝地位很高,打个_____,古筝在中国民族乐器中的_____,就像钢琴在欧洲乐器中的地位一样,所以古筝祂认为是"中国钢琴"。

四、理解语言点,完成句子

1.怪不得……原来……

怪不得你这么不舒服,_____。

2.总之,……

我喜欢画画,她喜欢看电影,他喜欢唱歌,_____。

3.不但不(没)……反而……

我帮你那么多,你_____,反而说我不关心你。

4.以……为主

小王:你昨天为什么不去见女朋友?

李明:马上要考试了,我现在的任务_____,没有时间去见他。

5.打个比方,……

她的学习能力很强,打个比方,别人用一年才能学会的,她只_____。

五、根据课文选择正确答案

1.根据这句话上下文，你觉得作者在文章中最想说明的是什么？_____

我觉得声音悦耳，很独特，很优美，让我感到放松、平静，仿佛来到大自然。

　　A.我去过大自然

　　B.民乐的声音很好听

　　C.古筝的声音很安静

2.根据这句话，以下说法哪种正确？_____

是啊，那首《青梅煮酒》就是用四种乐器合奏的，这首曲子的难度挺大的。

　　A.学习《青梅煮酒》这首曲子，比较容易

　　B.《青梅煮酒》不是中国的一首曲子

　　C.《青梅煮酒》是用四种中国民族乐器一起合作表演的

3.关于古筝的历史，我们可以知道什么？_____

　　A.现在的古筝和最早的古筝不一样

　　B.最早的古筝不好看

　　C.现在的古筝是由五根弦和木头做的

4.根据这句话，以下说法哪种正确？_____

她从八岁开始学习弹古筝，到现在已经弹了十五年了。最初跟她一起学习古筝的很多伙伴都放弃了，她不但不放弃，反而对古筝的感情越来越深。

　　A.她现在二十四岁

　　B.她越来越喜欢古筝了

　　C.很多伙伴放弃她了，不跟她一起玩

5.这句话的意思是什么？_____

现在对民族乐器感兴趣的人越来越多，中国有五百多万人在学古筝，也有很多古筝比赛和演出。

　　A.民族乐器越来越受中国人欢迎

　　B.在中国，有五百万人在学习民族乐器

　　C.中国以前没有古筝演出

六、综合填空

在很多人看来，中国民乐仅仅是老年人的爱好，而____1____音乐才是年轻人的最爱。其实，现在喜欢民乐的年轻人越来越多，为什么？因为他们觉得民乐声音很独特，很好听，让人感到平静和____2____，对身体也有好处。当他们学习的时候，听听民乐可以提高学习效率；当工作很累的时候，听听民乐可以让____3____；当心情不好的时候，听听中国民乐可以____4____。

1.A.古代　　　　B.传统　　　　C.现代　　　　D.中国

2.A.放松　　　　B.难受　　　　C.紧张　　　　D.开放

3.A.大脑更忙　　B.大脑获得休息　C.大脑拒绝所有事情　D.大脑讨厌休息

4.A.心情更坏　　B.增加烦恼　　C.忘记开心的事情　　D.忘记烦恼

七、根据课文回答问题

1.中国民乐有什么特点？

2.你了解古筝吗？它是一种什么样的乐器？

3.你喜欢什么乐器？为什么？

4.你学过什么乐器？能介绍一下这种乐器吗？

5.中国民乐与你们国家的民乐有什么区别？

第十六课　神奇的中医

　　玛丽是一名记者，工作比较忙碌。一个星期前，她失眠了，整个晚上都睡不着，十分难受。朋友建议她去看中医，于是，她去了当地的一家中医院。

　　医生先问了她的基本情况，看了看她的脸色和舌头，然后给她把脉。了解她的情况后，医生主张用针灸治疗她的失眠，她同意了。起初，她很害怕针灸，紧张得不得了，后来在医生的指导下，她闭上眼睛，慢慢地放松，也没感到任何疼痛。几天后，她竟然不失眠了，睡得特别香。过了几个月，她又开始胃疼，决定还是去看中医。这次医生除了给她针灸，还给她艾灸。艾灸是一种中医治疗方法，利用艾条产生的热来刺激身体某一个部位，艾条是用中药制成的，像雪茄一样，点着后把它对准特定的部位，让那个部位感受到热。两个星期后，她的胃真的好多了。

　　这两次体验让玛丽觉得中医简直太神奇了，她很好奇，中医到底是怎么治病的？于是，她请教了医生，医生说中医和西医背后的哲学不一样：西医主张"治病是战争"，要消灭病毒；而中医主张"排出病毒"，人和病毒各有自己生存的地方，不要互相伤害。中医重视万物的和谐和自身的平衡，人的身体一旦出现不平衡，比如身体内的"寒""热"失去平衡，就会生病。中医用针灸、艾灸和服用中药等方法来调节病人的身体，使身体恢复平衡。

　　跟西医"卫生"的概念不同，中医主张"养生"。例如，中医重视饮食均衡和生活的规律。在中医看来，食物有热性和凉性的区别，这里的"热"和"凉"，与温度没有关系，是食物自身的特点，比如水果中的梨属于"凉"性，樱桃属于"热"性。人们应该根据自己的健康状况来调节饮食。中医还认为人们应该按照大自然的规律生活，比如，早睡早起，吃季节水果。

把脉
bǎmài
take somebody's pulse to diagnose his or her illness, pulse diagnosis is a diagnostic technique used in traditional Chinese medicine.

针灸
zhēnjiǔ
acupuncture

艾灸
ài jiǔ
moxibustion

雪茄
xuějiā
cigar

菲尔普斯
Fēi'ěrpǔsī
Michael Fred Phelps II, an American swimmer who holds the record for the most Olympics medals won by any athlete at 28.

拔火罐
bá huǒguàn
Cupping therapy is a form of Chinese medicine in which a local suction is created on the skin with the application of heated cups.

安妮斯顿
Ānnīsīdùn
Jennifer Joanna Aniston is an American actress.

现在,中医治疗方法在很多国家也开始流行。比如美国的游泳冠军"飞鱼"菲尔普斯就非常喜欢中医的拔火罐,他运动后经常拔火罐,在他的宣传片里也有拔罐的镜头。美国演员安妮斯顿也拔火罐,某一次晚会上,她穿着美丽的晚礼服,后背上就有比较清楚的拔罐印儿。许多美国运动员受伤后还会用推拿来治疗,推拿不仅可以治疗身体的伤痛,还可以缓解疲劳。在欧洲,越来越多的人也开始接受中医,并感受到中医的神奇。

晚礼服
wǎn lǐfú
evening gown
推拿
tuīná
massage, Tuina Chinese medical therapy is often classified as either "external" or "internal" treatment. Tuina is one of the external methods.

生　词

1.失眠	shīmián	动 (v.)	to suffer from insomnia
2.舌头	shétou	名 (n.)	tongue
3.主张	zhǔzhāng	动/名 (v./n.)	to hold, to advocate/view, stand
4.指导	zhǐdǎo	动 (v.)	to guide, to instruct
5.胃	wèi	名 (n.)	stomach
6.刺激	cìjī	动 (v.)	to stimulate, to excite
7.部位	bùwèi	名 (n.)	(particularly of the human body) part, position
8.中药	zhōngyào	名 (n.)	traditional Chinese medicine
9.点	diǎn	动 (v.)	to light, to burn
10.简直	jiǎnzhí	副 (adv.)	simply, virtually
11.请教	qǐngjiào	动 (v.)	to ask for advice, to consult
12.哲学	zhéxué	名 (n.)	philosophy
13.战争	zhànzhēng	名 (n.)	war
14.消灭	xiāomiè	动 (v.)	to eliminate, to eradicate
15.排出	páichū		discharge, eject
16.伤害	shānghài	动 (v.)	to hurt, to harm
17.和谐	héxié	形 (adj.)	harmonious, melodious
18.一旦	yídàn	连 (conj.)	once, in case
19.失去	shīqù	动 (v.)	to lose
20.恢复	huīfù	动 (v.)	to recover, to regain
21.概念	gàiniàn	名 (n.)	concept, notion
22.梨	lí	名 (n.)	pear
23.樱桃	yīngtao	名 (n.)	cherry

24.冠军	guànjūn	名(n.)	champion, first-prize winner
25.宣传片	xuānchuánpiàn		promotional film
26.镜头	jìngtóu	名(n.)	camera lens, scene, shot
27.后背	hòubèi		back(of the human body)
28.印儿	yìnr	名(n.)	vestige, mark
29.伤痛	shāngtòng	名(n.)	pain of an injury or wound

语言点例句

1.起初……后来……

(1)起初我并不喜欢他,后来才慢慢喜欢上他。

(2)起初他在大学教英语,后来辞职了,和朋友们一起创办网购平台。

2.简直

(1)你每天看这些无聊的电视剧,简直是浪费生命。

(2)这两个女孩看起来简直一模一样,我总是分辨不出谁是姐姐谁是妹妹。

3.到底

(1)你说你昨晚去上课了,但老师说你没去上课,你到底去哪里了?

(2)历史片你不喜欢,爱情片你也不喜欢,你到底喜欢什么样的电影?

4.一旦……(就)

(1)一旦我爱上一个人,就会永远爱他。

(2)我们应该提前做好准备,一旦出现问题,就能及时解决。

5.跟……不同,……

(1)跟你爱画画不同,他的爱好是骑自行车。

(2)现在的社会跟以前不同了,现在年轻人结婚以后,都不想多生孩子。

课后练习

一、快速阅读课文,选择正确答案

1.根据第一段这句话前后文,玛丽为什么感到难受? _____

玛丽是一名记者,工作比较忙碌。一个星期前,她失眠了,整个晚上都睡不着,十分难受。

　　A.因为她不喜欢当记者　　　　　　　B.因为她太忙了

　　C.因为一个星期前,她整个晚上都睡不着　　D.因为她不想去看西医

2.第二段中"香"是什么意思？ _____
　　A.有香味　　　　　B.睡不着　　　　　C.很好　　　　　D.一般

3.课文第二段中"中药"指什么？ _____
　　A.吃的食物　　　　　　　　　B.中医所用的药
　　C.中国所有的药　　　　　　　D.放在中间的药

4.课文第四段中"养生"是什么意思？ _____
　　A.吃自己喜欢的食物　　　　　　B.生命
　　C.不注意生活规律　　　　　　　D.根据自己健康状况来保护和调节身体

5.在文中第四段，作者最想说明的是什么？ _____
　　A.西医的"卫生"　　　　　　　B.食物有热性和凉性
　　C.中医主张"养生"　　　　　　D.中医和西医相同的地方

6.根据第五段这句话，安妮斯顿使用了下面哪种治疗方法？ _____
　美国演员安妮斯顿也拔火罐，某一次晚会上，她穿着美丽的晚礼服，后背上就有比较清楚的拔罐印儿。
　　A.艾灸　　　　　B.拔火罐　　　　　C.针灸　　　　　D.推拿

二、选词填空

　　　简直　请教　排出　伤害　和谐　失去　恢复　失眠　指导　刺激

1.最近工作压力大，晚上睡不好，常常_____。

2.在妈妈的_____下，我终于学会做中国菜了。

3.这种产品_____皮肤，使用时应该注意。

4.他在说这些话的时候，我特别惊讶，_____不敢相信自己的耳朵。

5.这个地方我不太理解，能向您_____一下吗？

6.这家工厂每天_____很多脏水，对环境有很大的污染。

7.对不起，我不是故意_____你的，不要生气了，好吗？

8.她老公很少跟她生气，他们夫妻关系很_____。

9.她的考试结果不太好，_____了去中国留学的机会。

10.她又_____了往常的样子，每天都很开心。

三、根据课文填空

1.艾灸是一种中医治疗方法，它利用艾条的热来_____身体某一个_____。艾条是用_____制成的，_____着后把它对准身体特定的部位，让那个部位感受到热。

2.两次中医体验让玛丽觉得中医_____太神奇了 她想知道中医_____是如何治病的，于是，她_____了医生。

3.医生说中医和西医背后的_____不一样：西医主张_____病毒，而中医主张"_____病毒"，人和病毒不要互相_____。

4.中医重视万物的_____和自身的平衡。人的身体_____出现了不平衡，比如身体内的"寒""热"_____平衡，就会生病。

四、理解语言点，完成句子

1.起初……后来……

起初我不喜欢跳舞，_____。

2.简直

你每天都打八个小时的游戏，_____。

3.到底

蔬菜你不喜欢吃，肉你也不喜欢吃，_____？

4.一旦……（就）

一旦发生危险，_____。

5.跟……不同，……

①你喜欢喝咖啡。②我喜欢喝茶。（请把两个句子变成一个句子）

_____。

五、根据课文判断对错

1.玛丽起初不害怕针灸，在医生的指导下，她越来越紧张。　　　　　　（　　）

2.身体内的"寒"和"热"不平衡的话，人会生病。　　　　　　　　　　（　　）

3.热性或凉性的食物与温度有关系。　　　　　　　　　　　　　　　　（　　）

4.美国的游泳冠军"飞鱼"菲尔普斯运动后经常让医生给他针灸和艾灸，

　他不喜欢拔火罐。　　　　　　　　　　　　　　　　　　　　　　　（　　）

5.针灸、艾灸、拔火罐和推拿是西医的治疗方法，在很多国家很流行。　（　　）

六、根据课文选择正确答案

1.根据第二段下面这两句话，医生为什么主张用针灸来治疗她的失眠？_____

医生先问了她的基本情况，看了看她的脸色和舌头，然后给她把脉。了解她的情况后，医生主张用针灸治疗她的失眠，她同意了。

　　A.医生根据她的身体情况选择针灸治疗

　　B.因为玛丽喜欢针灸

　　C.因为玛丽的脸色和舌头不好看

2.根据第二段下面这句话，我们可以知道什么？_____

艾灸是一种中医治疗方法，利用艾条产生的热来刺激身体某一个部位，艾条是用中药制成的，像雪茄一样，点着后把它对准特定的部位，让那个部位感受到热。

　　A.艾条不可以刺激身体某一个部位

　　B.艾灸是利用艾条的热来刺激身体部位的中医治疗方法

　　C.艾条是雪茄

3.根据第三段下面这句话，下面哪种说法正确？_____

西医主张"治病是战争"，要消灭病毒；而中医主张"排出病毒"，人和病毒各有自己生存的地方，不要互相伤害。

A.西医主张"排出病毒"

B 中医主张"治病是战争"

C 中医和西医的主张不一样

4.根据第四段下面这句话,下面哪种做法比较符合中医的主张? _____

中医还认为人们应该按照大自然的规律生活,比如,早睡早起,吃季节水果。

　　A.晚睡晚起

　　B.冬天吃西瓜

　　C.早睡早起,夏天吃西瓜

5.根据第五段,作者最想介绍的是什么? _____

　　A.所有的运动员都喜欢拔火罐

　　B.美国运动员喜欢推拿

　　C.中医治疗方法在很多国家开始流行

七、综合填空

　　中医认为许多植物既是食物也是药材,这些食物可以像药一样预防和治疗疾病。例如:绿茶既可以是喝的　1　,也可以是治疗疾病的药物;土豆是我们日常生活中常吃的　2　,也可以预防胃病。这些食物不仅可以让中国人享受美食,还可以　3　,保护人们的健康。这种饮食方式在中国越来越　4　,已经成为中国人生活中不可缺少的一部分。

1.A.饮料	B.药	C.水果	D.蔬菜
2.A.药	B.食物	C.水	D.肉
3.A.吸收很多食物	B.表现药物的作用	C.发挥药物的作用	D.降低药物的效果
4.A.普通	B.经常	C.少	D.普遍

八、根据课文回答问题

1.你了解中医吗? 你能介绍一下中医吗?

2.你去看过中医吗? 若去过,描述一下你的经历和感受。

3.你觉得中医和西医的区别是什么?

4.学习中医后,你以后在生活中会注意哪些方面?

5.你觉得哪些病适合看中医? 哪些病适合看西医?

文化记忆

第十七课　《群书治要》的前世今生

唐朝是中国历史上一个繁荣的朝代，唐太宗是唐朝的第二位皇帝，当皇帝时只有二十八岁。唐太宗年轻时经常打仗，没有时间读书，后来做了皇帝，他开始思考如何治理国家。唐太宗是个非常聪明的人，他想：中国有两千五百多年的历史，一定积累了很多治理国家的经验，何不从古人的教导中学习治国之道呢？

可是，中国古书数量庞大，如何看得完呢？于是，唐太宗就找来当时非常著名的大臣魏征，让他成立一个编写小组，让他们把古书中最有价值的部分选取出来。编写小组花了五年多时间，从大量经典的古书中选出重要的内容，终于编成一部书，取名为"群书治要"，作为治理国家的重要经典。

唐太宗拿到这部书后，像得到宝贝一样爱不释手，他用圣人的思想来反省自己，用书中的智慧来治理国家，用美好的道德来引导人民。在他的治理下，整个国家非常强盛，从政治经济到文化教育，各方面都极其繁荣。

那时还没有印刷术，所以《群书治要》数量很少。唐朝末年，社会动荡不安，以致此书失传。幸好，当时在中国留学的日本人找到此书并将其带到日本。清朝的时候，日本又将此书作为礼物赠送给中国皇帝，失传一千多年的《群书治要》终于回到中国。

这部用古代汉语写的《群书治要》共有五十卷，分量很大，对现代人来说，阅读它有一定的难度。为了方便现代人阅读，有一些人做了大量的工作，他们像古代人编写《群书治要》一样，从这部书中选出重要的内容，写成现代人容易看懂的文字，编成好多本书，并且打算翻译成多国语言，其意义不亚于当年编写《群书治要》。

唐太宗
Táng Tàizōng
the second emperor of the Tang Dynasty of China

《群书治要》
《Qún Shū Zhì Yào》
the name of a book The Governing Principles of Ancient China
圣人
shèngrén
sage
印刷术
yìnshuā shù
typography
失传
shīchuán
be lost
清朝
Qīngcháo
Qing Dynasty
分量
fènliàng
quantity

为什么现代人也需要这本书呢？这是因为现代人物质生活虽然丰富，但精神生活非常贫乏。在现代信息社会，倘若不加选择地接收网络信息，一定会导致思想的混乱。《群书治要》不但可以帮助现代人明确生活的目标，实现家庭和谐，获得美满人生、家庭的和谐，还可以帮助国家走向繁荣，让世界充满和平。

生 词

1.繁荣	fánróng	形(adj.)	prosperous, thriving
2.朝代	cháodài	名(n.)	dynasty
3.打仗	dǎzhàng	动(v.)	to fight a battle orwar
4.治理	zhìlǐ	动(v.)	to administer, to manage, to govern
5.积累	jīlěi	动(v.)	to accumulate
6.教导	jiàodǎo	动(v.)	to instruct, to teach, to give guidance
7.大臣	dàchén	名(n.)	minister(of a monarchy)
8.成立	chénglì	动(v.)	to establish, to set up
9.价值	jiàzhí	名(v.)	value
10.经典	jīngdiǎn	形/名(adj./n.)	classical/classics
11.爱不释手	àibúshìshǒu		to like or love something so much that onecan notbear to part with it
12.思想	sīxiǎng	名(n.)	thought, thinking
13.反省	fǎnxǐng	动(v.)	to reflect on oneself
14.智慧	zhìhuì	名(n.)	wisdom
15.道德	dàodé	名(n.)	morality, ethics
16.引导	yǐndǎo	动(v.)	to guide, to lead
17.强盛	qiángshèng	形(adj.)	(of a nation)powerful and prosperous
18.政治	zhèngzhì	名(n.)	politics
19.极其	jíqí	副(adv.)	extremely
20.动荡	dòngdàng	形(adj.)	turbulent
21.以致	yǐzhì	连(conj.)	consequently, as a result
22.幸好	xìnghǎo	副(adv.)	fortunately, luckily
23.卷	juàn	量(m.)	volume
24.不亚于	bú yà yú		not be inferior to, be as good as
25.物质	wùzhì	名(n.)	material

26.贫乏	pínfá	形(*adj.*)	poor, impoverished, lacking
27.倘若	tǎngruò	连(*conj.*)	if, provided, in case
28.混乱	hùnluàn	形(*adj.*)	chaotic, confused, disordered
29.美满	měimǎn	形(*adj.*)	happy, perfectly satisfactory
30.和平	hépíng	名/形(*n./adj.*)	peace/peaceful

语言点例句

1.爱不释手

(1)儿子对这个新玩具爱不释手,连睡觉都抱着它。

(2)这本小说太有意思了,真让人爱不释手。

2.……,以致……

(1)他从不按时吃饭休息,以致得了胃病,现在住进了医院。

(2)小寒在台上太紧张了,以致把要说的话给忘了。

3.幸好

(1)幸好你开车送我去学校,我才没迟到。

(2)钱包和手机都被偷了,幸好一个好心人帮我买了车票,否则可能回不到家了。

4.A 不亚于 B

(1)他虽然不是专业运动员,可是他的技术相当高,不亚于那些职业选手。

(2)电影《哪吒之魔童降世》的票房不仅不亚于《功夫熊猫》的票房,甚至还超过了它。

5.倘若……

(1)倘若你了解中医背后的哲学,你就会知道中医和中国文化是分不开的。

(2)倘若没有坚持不懈的精神,田野是不可能成为优秀的电竞选手的。

课后练习

一、快速阅读课文,选择正确答案

1.在课文第一段,"治理"跟下面哪个词的意思差不多? _____

　　A.治疗　　　　　　B.理解　　　　　　C.规定　　　　　　D.管理

2.课文第二段主要内容是什么? _____

　　A.魏征发挥了重要作用　　　　　　B.古代的书非常多

　　C.《群书治要》是怎么编出来的　　　　　　D.《群书治要》这个书名的含义

3.根据课文第三段，"在他的治理下，整个国家非常强盛，从政治经济到文化教育，各方面都极其繁荣"，这句话是什么意思？_____

    A.他把国家治理得很好   B.有些地方治理得并不好

    C.人民的生活不太好   D.除了文化教育，其他都很好

4.在课文第四段，"动荡不安"这个词表达的感受是什么？_____

    A.愉快的   B.平静的   C.担心害怕的   D.激动的

5.根据课文第五段，为什么现代人可以看得懂《群书治要》？_____

    A.因为《群书治要》是一本很薄的书

    B.因为《群书治要》是非常简单的书

    C.因为现代人有科学技术

    D.因为《群书治要》被编成容易看懂的文字

6.根据这句话"在现代信息社会，倘若不加选择地接收网络信息，一定会导致思想的混乱"，下面哪个句子是正确的？_____

    A.在信息社会，人们的头脑并未更清醒

    B.在信息社会，每个人都会选择适当的信息

    C.在信息社会，人们不仅物质丰富而且精神也丰富

    D.在信息社会，人们会变得越来越聪明

二、选词填空

爱不释手   智慧   极其   以致   幸好   混乱

1.下课时天已经很黑了，_____有同学陪我一起回家，不然我会很害怕。

2.我喜欢读古代圣人的书，可以学到里面的_____。

3.广场上突然响起枪声，人们吓得乱跑，广场上很_____。

4.她对爸爸送给她的书_____，排队的时候也在专心阅读。

5.这种工作_____复杂，一般人很难完成。

6.2020年世界各地都受到新冠病毒的影响，_____人们无法正常生活、工作，还有很多人因此死亡。

三、根据课文填空

1.唐太宗虽然不懂得_____，但他非常_____，他认为中国历史中一定_____了很多治理国家的经验。他打算向古人_____。

2.中国古书的种类非常_____，根本就看不完。唐太宗就让人从古书中_____出重要的内容，编写了一部书。

3.唐太宗对《群书治要》_____，他用书中的智慧治理国家，整个国家变得非常_____。

4.唐朝的时候没有印刷术，《群书治要》的_____很少。后来因为社会动荡，这部书_____了。

5.《群书治要》不但可以帮助现代人获取_____人生，还可以让整个世界变得更加_____。

四、根据课文内容排序

A.唐太宗学习《群书治要》,把国家治理得很强盛

B.有人把《群书治要》编成现代人容易阅读的书

C.《群书治要》失传后又回到中国

D.唐太宗想从古人的教导中学习治国的道理

E.《群书治要》有助于现代人的幸福和世界和平

F.魏征领导的编写小组编出《群书治要》

正确顺序是 _____

五、理解语言点,完成句子

1.……,以致……

他考试的时候大部分时间都花在了阅读题上,_____。

2.幸好

幸好你帮我找到了眼镜,_____。

3.不亚于

我爸爸篮球打得最好,现在我哥哥_____。

4.倘若……

多亏医生及时赶到了,_____,奶奶的生命就危险了。

六、根据课文选择正确答案

1.根据课文第一段,我们可以知道什么?(多选题)_____

A.中国古人留下治国的教导

B.唐太宗很聪明,懂得治国的方法

C.唐太宗年轻时读书很少

2.根据下文,你觉得作者接着要说什么? _____

古代中国人认为教育是一个民族最重要的事情,四五千年前已经出现有组织的教育活动。随着文化的不断积累,到春秋战国时期,"私学"作为新兴的教育组织形式发展起来。

A.有关教育重要性的内容

B.有关文化积累的内容

C.有关"私学"的内容

3.根据课文第二段这句话,下面哪句话是正确的? _____

于是,唐太宗就找来当时非常著名的大臣魏征,让他成立一个编写小组,让他们把古书中最有价值的部分选取出来。

A.唐太宗认为古书没有价值

B.唐太宗让魏征一个人编写

C.唐太宗希望得到古书中的重要内容

4.根据课文第三段,以下说法哪些是正确的?（多选题）_____

　　A.《群书治要》中没有治国的内容

　　B.《群书治要》这部书与唐朝的繁荣有很大关系

　　C.《群书治要》中有道德教育的内容

5.根据课文第四段,以下说法哪些是正确的?（多选题）_____

　　A.唐朝的时候,日本有印刷术

　　B.唐朝末年,《群书治要》被带到日本

　　C.清朝的时候《群书治要》又被带回中国

6.这篇文章的主要意思是什么? _____

　　A.唐太宗喜欢读《群书治要》

　　B.《群书治要》的经历和它的价值

　　C.《群书治要》对现代人有帮助

七、综合填空

　　《群书治要360》是专门为现代人阅读而编成的一套书,每年出一卷,每卷从《群书治要》中选出最精彩、最__1__当前社会需要的360个小段落,翻译成现代人__2__,方便读者每天读一段。《群书治要》是中国古代的智慧和经验,__3__帮助唐太宗推动唐朝的繁荣和进步。《群书治要360》能为各个层级的领导者__4__重要的指导,也能正确引导人们过好一生。

1.A.幸好　　　　　B.适合　　　　　C.出色　　　　　D.精心

2.A.容易明白的话　B.需要更多书籍　C.参加编写的人　D.很难懂的话

3.A.经常　　　　　B.由于　　　　　C.通过　　　　　D.曾经

4.A.提醒　　　　　B.告诉　　　　　C.提供　　　　　D.通知

八、根据课文回答问题

1.唐太宗意识到自己不懂得治理国家,他想出什么办法?

2.《群书治要》是怎么编出来的?

3.唐朝末年,《群书治要》这部书经历了什么?

4.《群书治要》对现代社会有用吗?

第十八课　佛教与中国文化

众所周知，儒、释、道是中国传统文化的代表，其中的释，即指佛教，是从古印度传到中国的。公元67年，汉明帝派人到国外取佛经，途中他们遇到两位僧人，于是就请僧人一起，用白马驮着很多佛经回到中国。

中国人读了佛经以后，发现原来佛教与中国文化是同一个根，这个根就是孝道。佛教的一些重要原则，比如孝养父母、尊敬老师、不伤害任何生命、遵守仁爱等，和中国文化中的"孝亲尊师"是一样的，因此佛教很快就融入中国文化，成为中国文化的重要组成部分。

佛教中很多概念与中国文化中的相同，比如都讲"因果报应"和"断恶修善"。在佛教传入中国以前，中国的道教就提倡因果教育。中国人认为：人的一生中做的善事多，就会有好的结果，即善报；反之，做的坏事多，就会有坏的结果，即恶报。这和佛教的说法是一样的。

佛教不但讲人的一生，即"现世"，还讲"过去世"和"未来世"。一个人在"过去世"中做的坏事太多，"现世"中就会发生很多不幸的事情；如果一个人在"现世"中做的坏事太多，在"现世"中或者"未来世"中将得到恶报，这是规律。因此，只有重视品德，多做善事，才能有好的命运。然而，人们发现有些人做了很多坏事，仍然过得很好，既然做坏事没有恶报，何必多做好事呢？佛教说那是因为他们在"过去世"中做了很多善事，得到了善报，他现在做的坏事正在花费他的善报，等到善报花完，恶报就会出现。这和中国俗话说的"不是不报，时候未到"是一个道理。当然，从科学的角度看，这是有封建迷信色彩的。

佛教认为，因为有"因果报应"，所以应该'断恶修善"。怎样才能"断恶修善"呢？中国传统文化提倡：对待

印度
Yìndù
India
汉明帝
Hàn Míngdì
the second emperor of China's Eastern Han Dynasty

封建迷信
fēngjiàn míxìn
superstition

父母要孝顺，对待兄弟姐妹要关爱，对待朋友要讲信义，对待学习和工作要勤奋……这些都是儒教和道教的生活指导原则，和佛教是一致的。

佛教帮助人们明白宇宙的规律，教导人们多行善、少作恶。它可以使个人幸福，使家庭美满，进而使社会和谐、国家繁荣、世界和平，这也正是中国文化追求的目标——修身、齐家、治国、平天下。佛教不仅融入中国文化，还丰富其思想，它和儒教、道教共同组成博大精深的中国文化。

修身、齐家、治国、平天下
xiūshēn、 qíjiā、 zhìguó、 píngtiānxià
To govern the country and bring peace to all, one should first be able to govern one's family; to govern one's family successfully, one should first learn to govern oneself.

生 词

1. 众所周知	zhòngsuǒzhōuzhī		as is known to everyone
2. 即	jí	副(adv.)	namely, that is, this is to say
3. 佛教	Fójiào	名(n.)	Buddhism
4. 传	chuán	动(v.)	to spread
5. 佛经	fójīng	名(n.)	Buddhist scripture
6. 途	tú	名(n.)	road, way
7. 僧人	sēngrén	名(n.)	Buddhist monk
8. 驮	tuó	动(v.)	to carry, to bear on the back
9. 孝道	xiàodào	名(n.)	filialness
10. 原则	yuánzé	名(n.)	principle
11. 孝养	xiào yǎng		grespect and support one's parents
12. 仁爱	rén'ài	形(adj.)	kind-heartedness, benevolence
13. 孝亲尊师	xiàoqīn zūnshī		filial piety and respect for teachers
14. 融入	róngrù		to integrate, to be part of
15. 因果报应	yīnguǒ-bàoyìng		karma, retribution for sin
16. 断恶修善	duàn'è xiū shàn		break evil and cultivate good
17. 道教	Dàojiào	名(n.)	Daoism, Taoism
18. 善报	shànbào	名(n.)	good recompense, good retribution
19. 恶报	èbào	名(n.)	misfortune as retribution for evil-doing
20. 不幸	búxìng	形(adj.)	unfortunate, unlucky
21. 品德	pǐndé	名(n.)	moral character
22. 对待	duìdài	动(v.)	to treat
23. 讲信义	jiǎng xìnyì		act in (good) faith

24.勤奋	qínfèn	形(adj.)	diligent
25.儒教	Rújiào	名(n.)	Confucianism
26.一致	yízhì	形(adj.)	identical, unanimous
27.进而	jìn'ér	连(conj.)	and then, after that
28.追求	zhuīqiú	动(v.)	to pursue, to go after
29.博大精深	bódà-jīngshēn		extensive and profound

语言点例句

1.众所周知

(1)众所周知,大熊猫是中国特有的珍贵动物。

(2)由于众所周知的原因,这个国家一夜之间被分成几个不同的国家。

2.即

(1)对她来说,有了孩子即有了责任。

(2)多年后这里发展成一座著名的大城市,即深圳。

3.反之

(1)谦虚使人进步,反之,骄傲会导致失败。

(2)早睡早起有利于身体健康,反之,晚睡晚起不利于健康。

4.何必……呢

(1)跟你开句玩笑,何必当真呢!

(2)我们是老朋友了,何必这么客气呢?

5.……,进而……

(1)不要害怕困难,要勇敢地面对它,进而克服它。

(2)小孩最初是听父母说话,然后自己学说简单的词,进而学会更多的表达。

课后练习

一、快速阅读课文,选择正确答案

1.在课文第一段,"众所周知"的意思是什么? _____

　　A.很少有人知道　　B.人们都知道　　　C.有很多地方　　　D.有很多知识

2.根据第二段这句话"因此佛教很快就融入中国文化,成为中国文化的重要组成部分",下面哪句话是正确的? _____

　　A.中国文化是佛教的一部分　　　　B.佛教和中国文化彼此独立

　　C.佛教打破了中国文化　　　　　　D.佛教是中国文化的一部分

3.在课文第四段,"不幸"这个词可以用哪个词来代替? _____

    A.痛苦的   B.幸运的   C.高兴的   D.不相信的

4.中国传统文化认为对待兄弟姐妹应该怎样? _____

    A.孝顺   B.比赛   C.关爱   D.勤奋

5.根据课文最后一段"佛教不仅融入中国文化,还丰富其思想",下面哪句话是正确的? _____

    A.中国文化终于改变佛教   B.佛教使中国文化变得更丰富了

    C.中国文化并没有受到佛教的影响   D.佛教没有使中国文化变得更丰富

6.中国文化追求的最终目标是什么? _____

    A.修身   B.齐家   C.治国   D.平天下

二、选词填空

传   原则   品德   勤奋   一致   追求

1.老师和同学们的目标是_____的,都是为了在这次比赛中取得好成绩。

2.胜利的消息_____到了这座城市里,人们都欢呼起来。

3.不管是哪个国家的人民,都_____健康幸福的生活。

4.中国人几千年来都重视孝道,这是非常重要的教育_____。

5.如果每个人都努力学习,_____工作,那么这个国家是有希望的。

6.你觉得评价一个人的时候,是漂亮更重要,还是_____更重要?

三、理解语言点,完成句子

1.众所周知

众所周知,中国是_____。

2.即

北京,_____,是一个现代化的大都市。

3.反之

如果饮食规律,身体就会健康;_____。

4.何必……呢

这件事非常简单,_____。

5.进而

一个人应当先学会和家人相处,_____。

四、根据课文内容选择正确答案

1.根据课文第一段,作者最想说明的是什么? _____

   A.中国的一位皇帝喜欢佛教

   B.佛教是怎么到中国来的

   C.最早出现佛教的地方是印度

2.根据课文第二段,佛教融入中国文化的原因是什么? _____

    A.因为佛教比中国文化更古老

    B.因为佛教要求不能伤害任何生命

    C.因为佛教与中国文化都重视孝道

3.根据课文第三段,以下说法哪个是正确的? _____

    A.中国文化本身也有"因果报应"的概念

    B.中国向佛教学习了"因果报应"的概念

    C.中国的"因果报应"只讲"恶报"

4.课文第四段有一句话"人们发现有些人做了很多坏事,仍然过得很好",意思是做了坏事却不会得到"恶报"。根据课文,下面哪种说法是正确的? _____

    A.因为"因果报应"有时候是不对的

    B.做了坏事不是没有"恶报",而是还没有到"恶报"的时间

    C.因为他过去做了好事,所以现在做了坏事也不用担心

5.这篇文章的主要意思是什么? _____

    A.佛教是从外国来的

    B.中国文化是佛教的一部分

    C.佛教与中国文化有着紧密的联系

五、根据课文判断对错

1.佛教是唐朝的时候传入中国的。　　　　　　　　　　　　(　　　)

2.在中国文化中,最重要的根是孝道。　　　　　　　　　　(　　　)

3.在佛教传入中国之后,中国才开始有因果教育。　　　　　(　　　)

4.有的人做了坏事却没有得到恶报,这说明因果报应是不对的。(　　　)

5.中国文化最终追求的是个人幸福。　　　　　　　　　　　(　　　)

6.佛教融入中国文化,而且使中国文化更加丰富。　　　　　(　　　)

六、根据课文内容排序

    A.佛教讲到人的生命阶段不但有"现在",还有"过去"和"未来"

    B.佛教重视孝道,很快融入中国文化

    C.汉朝时佛经传到中国

    D.佛教和道教都讲"因果报应"

    E.佛教和中国文化都追求从个人幸福到世界和平的目标

    F.在"断恶修善"方面,佛教与儒教、道教的生活指导原则是一致的

正确顺序是_____

七、综合填空

    有一个人在公园放风筝,__1__累了,就坐在公园的长椅上,把风筝放在边上,突然有一个人在他__2__坐下来,__3__。他刚想发脾气,一看是个盲人,马上就不生气了。这个故事告诉我们,生气是对别人的一种态度,是完全能够__4__的。学佛的人,就是要学会不

生气，不发脾气。

    1.A.从事   B.感觉   C.判断   D.预测

    2.A.旁边   B.地方   C.卫生间   D.包裹

    3.A.在公园放风筝   B.风筝很漂亮   C.有很多风筝   D.把他的风筝坐坏了

    4.A.推荐   B.联想   C.控制   D.度过

八、根据课文回答问题

1.有人做了坏事，为什么不会得到恶报？

2.佛教为什么很快被中国人接受？

3.佛教和中国传统文化有哪些相似的地方？

4.在中国人看来如何才能实现世界和平？

第十九课　孔子言传身教

　　两千五百多年前，中国有一位圣人，名叫孔子。孔子小时候，父亲就去世了，再加上家境贫寒，他只好去各地打工，也因此接触到许多底层的人。孔子喜欢读书，相信古人的教导，二十多岁时，他就已经是一个很有学问的人了。

　　孔子生活的年代，社会动荡不安。孔子和学生们一起去不同的国家，劝说君王实行"仁政"，历史上称之为"周游列国"。孔子认为，只有实行"仁政"，社会才能稳定，人民才能幸福。但在当时，这些建议并不被采纳。在周游列国的过程中，他们还遇到许多困难和危险。孔子言传身教，用言语和自己的行动教育学生，让学生懂得人生的道理。

　　有一次，孔子和他的学生被围困在一个地方，他们没有食物，大家都忍受着饥饿，孔子仍然每天给学生们上课。又过了两天，有的学生已经饿得站不起来了，这时就有人开始抱怨，一位学生走过来对孔子说："老师，您每天讲道德、讲学问，这些固然重要，然而现在人都要死了，道德还有什么用呢？"孔子回答说："有道德的人不怕穷，也不怕饥饿，他们坚持自己的信仰，会把困难当成锻炼自己的机会；相反，没有道德的人在遭受贫穷和饥饿的时候，无论什么样的坏事都干得出来。如果人人都失去道德，世界就会变得越来越糟糕。"学生们听了孔子的话，为自己的言语感到惭愧。他们坚持了七天后，终于被救了出来。

　　不管孔子遇到何种困难，他都不曾放弃自己的信仰，即使在最艰难的环境里，他也依然保持乐观。但是他的学生有时候会失去信心，怀疑老师的教导。有一次，几个学生在一起发牢骚："我们的老师两次被鲁国赶走；在卫国的时候，那里的人也不尊敬他，把他走路留下的脚印都铲除掉了；在宋国的时候，他经常在大树下讲课，有人不

仁政
rénzhèng
In the Confucian tradition, the ideal government is called "benevolent government".

周游列国
zhōuyóu lièguó
Confucius wondered from state to state for 14 years (497 BC－484 BC), seeking a place to try his theories of government.

围困
wéikùn
besieged

鲁国
Lǔguó
the State of Lu

卫国
Wèiguó
the State of Wey

铲除
chǎnchú
shovel away

宋国
Sòngguó
the State of Song
During the Spring and Autumn period of Chinese history, with the decline of the Zhou Dynasty, ancient China was divided into different states, and Lu, Wey, Song were three of them.

仅不喜欢他，甚至还想杀他，最后没杀成，就把那棵大树砍断了。他遇到了这么多既危险又被侮辱的事情，可是依然兴高采烈地教学，时而弹琴，时而唱歌，难道我们要学他吗？"

孔子听到了学生的话，并没有生气，反而耐心地对学生们说，一个有道德的人，虽然遭受困难，但不会怀疑信仰，也不会丧失道德。松柏经历了严寒，才变得更加茂盛；人经历了困难，才变得更加坚强。没有什么可以阻止人们乐观和坚强。

学生们听了以后，深受鼓舞，下定决心，继续跟随孔子好好学习。

松柏
sōng bǎi
pine and cypress
严寒
yánhán
severe cold

生　词

1.去世	qùshì	动(v.)	to die, to pass away
2.家境	jiājìng	名(n.)	family financial situation, family background
3.贫寒	pínhán	形(adj.)	poor, impoverished
4.打工	dǎgōng	动(v.)	to work to earn a living
5.学问	xuéwen	名(n.)	knowledge, learning
6.劝说	quànshuō	动(v.)	to persuade
7.稳定	wěndìng	形(adj.)	stable
8.采纳	cǎinà	动(v.)	to accept or adopt(a plan, suggestion, proposal, etc.)
9.言传身教	yánchuán-shēnjiào		to teach by personal example as well as verbal instruction
10.忍受	rěnshòu	动(v.)	to bear, to stand, to endure
11.抱怨	bàoyuàn	动(v.)	to complain
12.固然	gùrán	连(conj.)	admittedly, it is true(but)
13.信仰	xìnyǎng	名/动(n./v.)	faith, belief/to believe in
14.遭受	zāoshòu	动(v.)	to suffer, to be subjected to, to sustain
15.糟糕	zāogāo	形(adj.)	terrible, too bad
16.惭愧	cánkuì	形(adj.)	ashamed

17.救	jiù	动(v.)	to save, to rescue
18.艰难	jiānnán	形(adj.)	difficult, hard, tough
19.依然	yīrán	副(adv.)	still, nonetheless
20.乐观	lèguān	形(adj.)	optimistic
21.牢骚	láosāo	名/动(n./v.)	complaint, grumble/to complain, to grumble
22.杀	shā	动(v.)	to kill
23.砍	kǎn	动(v.)	to cut, to chop
24.侮辱	wǔrǔ	动(v.)	to insult, to humiliate
25.兴高采烈	xìnggāo-cǎiliè		in high spirit, cheerful
26.丧失	sàngshī	动(v.)	to lose, to forfeit
27.茂盛	màoshèng	形(adj.)	lush, exuberant
28.坚强	jiānqiáng	形(adj.)	firm, strong
29.阻止	zǔzhǐ	动(v.)	to stop, to prevent
30.鼓舞	gǔwǔ	动(v.)	to encourage, to inspire
31.跟随	gēnsuí	动(v.)	to follow

语言点例句

1.固然

(1)钱固然重要,但是钱能买来幸福吗?

(2)比赛赢了固然好,赢不了也没关系。

2.不曾

(1)奶奶一直住在这座城市,不曾到过其他地方。

(2)第一次见面我就被她吸引了,这是我以前不曾有过的感觉。

3.兴高采烈

(1)同学们兴高采烈地唱起歌来。

(2)大家兴高采烈地聚集在广场上,准备跳舞。

4.时而……时而……

(1)周末,我独自在家,时而看看书,时而听听音乐,总之,过得十分舒适。

(2)远处的笛声时而高,时而低,格外动听。

5.难道……吗?

(1)他们能做得到,难道我们就做不到吗?

(2)我从来没有骗过你,难道你不相信我吗?

课后练习

一、快速阅读课文，选择正确答案

1.在课文第一段，"学问"的意思与下面哪个词的意思更近？＿＿＿＿＿＿

　　A.问题　　　　　　B.勤奋　　　　　　C.知识　　　　　　D.努力

2.根据课文第二段"孔子生活的年代，社会动荡不安。孔子和学生们一起去不同的国家，劝说君王实行'仁政'，历史上称之为'周游列国'"，孔子"周游列国"的主要目的是什么？＿＿＿＿＿＿

　　A.不想经历社会的动荡

　　B.教导学生"仁政"的思想

　　C.到各地旅游，增加知识

　　D.希望国家的领导者能接受"仁政"的主张

3.下面哪个词用来说明父母用言语和行为教育孩子？＿＿＿＿＿＿

　　A.言传身教　　　　B.言语教育　　　　C.行为教育　　　　D.儿童教育

4.在课文第三段，"抱怨"这个词表达的感受应该是什么？＿＿＿＿＿＿

　　A.高兴　　　　　　B.不满意　　　　　C.紧张　　　　　　D.放松

5.第三段这句"学生们听了孔子的话，为自己的言语感到惭愧"，根据上下文，你觉得学生对孔子的态度将会怎样？＿＿＿＿＿＿

　　A.更加尊敬　　　　B.更加不满意　　　C.更加怀疑　　　　D.更加不理解

6.根据第四段，有人想杀孔子，结果怎么了？＿＿＿＿＿＿

　　A.孔子受伤了　　　　　　　　　　　B.有一个学生被杀了

　　C.一棵树被砍断了　　　　　　　　　D.学生们受伤了

7.课文最后一段讲了什么？＿＿＿＿＿＿

　　A.学生们继续到各地旅游　　　　　　B.学生们决心跟着孔子学习

　　C.学生们可以继续发牢骚　　　　　　D.跟着孔子会遇到更多困难

二、选词填空

　　　　劝说　　忍受　　固然　　糟糕　　惭愧　　阻止　　跟随

1.我们认为小刚在这家公司做得很好，但他坚持要离开这家公司，我们也＿＿＿＿＿＿不了他。

2.聪明＿＿＿＿＿＿重要，但要想获得成功，还需要不断地努力。

3.周明最近工作忙碌，睡眠很少，周太太＿＿＿＿＿＿他要注意身体。

4.我奶奶生病了，爸爸最近又失去了工作，家里的情况很＿＿＿＿＿＿。

5.男朋友跟她分手了，因为不能＿＿＿＿＿＿她总是把房间弄得很乱。

6.父母对我非常关心，但我却经常对他们发脾气，想到这些，我感到十分＿＿＿＿＿＿。

7.假期的时候，她打算＿＿＿＿＿＿旅游团队去意大利游玩。

三、理解语言点，完成句子

1.固然

_____，但对于老年人来说，这项运动并不适合他们。

2.不曾

我叔叔独自生活，一生_____。

3.兴高采烈

婚礼那天，_____。

4.时而……时而……

在生日聚会上，朋友们_____，玩得非常开心。

5.难道……吗？

我给她打了很多次电话，但都没人接听，_____？

四、根据课文内容选择正确的答案

1.课文第一段中有一句话"孔子小时候，父亲就去世了，再加上家境贫寒，他只好去各地打工，也因此接触到许多底层的人"，这句话介绍了什么？_____

　　A.孔子的父亲

　　B.底层的人民

　　C.孔子早年的经历

2.根据课文的第二段，下面那些话是正确的？（多选题）_____

　　A.孔子成功地劝说了君王

　　B.君王没有接受孔子的劝说

　　C.孔子遇到了危险

3.课文第三段中有一句话"一位学生走过来对孔子说：'老师，您每天讲道德、讲学问，这些固然重要，然而现在人都要死了，道德还有什么用呢？'"这位学生的意思是什么？

_____

　　A.现在讲道德不重要

　　B.现在的人都死了

　　C.现在讲道德很重要

4.根据课文第三段，孔子教给了学生什么道理？（多选题）_____

　　A.只有在困难的时候才需要道德

　　B.人在困难的时候需要道德信仰

　　C.美好的世界需要人们有道德

5.课文第四段有一句话"不管孔子遇到何种困难，他都不曾放弃自己的信念，即使在最艰难的环境里，他也依然保持乐观"，下面哪种说法是正确的？（多选题）_____

　　A.孔子从不放弃信念

　　B.孔子没有遇到艰难的环境

　　C.孔子总是保持乐观

6.在课文第四段,学生发牢骚:"他遇到了这么多既危险又被侮辱的事情,可是依然兴高采烈地教学,时而弹琴,时而唱歌,难道我们要学他吗?"学生的意思是什么?（多选题）
_____

    A.孔子在这种情况下不应该高兴

    B.学生应该向孔子学习弹琴、唱歌

    C.这位学生并不赞同孔子的做法

7.这篇文章的主要意思是什么? _____

    A.学生在困难情境下总是抱怨孔子

    B.孔子在困难情境下如何教导学生

    C.孔子劝说君王们实行"仁政"

五、根据课文填空

1.孔子小时候家境不好,他只好出去打工,在打工的过程中_____到底层的人。

2."仁政"的"仁"就是对人民要关心爱护,这样社会才能_____,人民才能_____。

3.言传身教就是用_____和_____教导他人。

4.孔子和学生遇到困难,没有食物,大家都_____,有的学生开始_____孔子。

5.孔子认为在困难的时候应该坚持_____,应该把困难当成锻炼的_____。

6.孔子听到学生们发牢骚,并没有生气,反而_____地教导学生。

六、根据课文判断对错

1.孔子小时候的生活比较富裕,父亲很有学问。   (　　)

2.孔子带着学生"周游列国",劝君王接受"仁政"的思想。   (　　)

3.孔子在各个地方都受到了欢迎。   (　　)

4.在困难的环境里,有的学生怀疑孔子的教导。   (　　)

5.孔子听到学生的抱怨后非常生气。   (　　)

6.孔子教导学生在任何情况下都不能失去道德。   (　　)

七、综合填空

    早在两千五百年前,孔子就说过一句话"己所不欲,勿施于人"。__1__是:自己不愿意别人怎样对待自己,就不要那样对待别人。__2__,你不想别人对你不礼貌,那么你就不要对别人不礼貌。孔子这句话教导人们要用自己的心去__3__别人。自己希望怎样生活,就想到别人也会希望怎样生活。

    "己所不欲,勿施于人",从自己的内心出发,推及他人。它和中国民间常说的设身处地为别人想一想,__4__。

1.A.意思   B.需求   C.明确   D.作为

2.A.相当   B.传说   C.意见   D.例如

3.A.等待   B.属于   C.理解   D.观察

4.A.收获的就是什么   B.指的都是一个意思

    C.吸引到你身边   D.不为别人服务

八、根据课文回答问题

1.请说一说孔子遇到了哪些困难和危险。

2.孔子遭受困难时是怎么做的？

3.孔子对学生的态度是怎样的？

4.孔子对学生说了哪些话？

5.选取孔子的一句话，结合自己的经历，说说你对这句话的理解。

第二十课　过端午

端午节有二十多个名称，如龙舟节、粽子节、浴兰节，不同的名称背后，有不同的历史故事。

端午节吃粽子，传说是为了纪念古代的爱国诗人屈原。屈原不满当时黑暗的社会现实，宁可自杀，也不愿意屈服。那天是五月初五，屈原在痛苦中跳入江中。人们知道后，划着船去救他，虽尝试了各种办法，可还是没能找到。人们不得已放弃寻找，从家里拿来些米团扔到江河中喂鱼，以免江河里的鱼吃掉屈原的身体。米团就是今天的粽子，从此，人们就在这一天吃粽子了。

屈原
Qū Yuán
Qu Yuan was a Chinese patriotic poet from State of Chu during the Warring States Period.

其实在屈原之前，端午节的习俗就存在了。端午节最早来自对龙的崇拜。随着时代的发展，人们丰富了端午节的内容，加上了吃粽子的习俗，让大家在庆祝节日的同时纪念历史人物。

端午节大概有三个传统习俗。首先是吃粽子。五月初五这一天，人们都会选择好的糯米，用竹叶包粽子，然后煮熟。人们坐在桌子前，吃着香喷喷的粽子，一想到几千年的端午习俗依然保留，心中便充满感动。

第二个习俗是辟邪。五月五日在人们心中是个不好的日子，所以端午节有很多辟邪的习俗。比如喝雄黄酒，因为雄黄酒可以杀百毒；再如，人们把艾草挂在门上，因为艾草既可以治病又可以驱虫。有的地方还会用兰草煮水沐浴，因此端午节也叫浴兰节。还有的地方，不管是大人还是小孩都会在手腕上系五种颜色的丝线，人们认为在端午节把彩色丝线系在手腕上，可以辟邪保平安。

雄黄酒
xiónghuángjiǔ
realgar wine

第三个习俗是赛龙舟，每年这个时候，在中国的很多地方，都会举办赛龙舟的活动。比赛前，划船的运动员穿着鲜艳的队服，两人一排坐进龙舟里，他们在龙头形状的船头摆好大鼓。比赛时,一人在船头敲鼓,其他人努力划船,岸上的人们喊着加油,十分热闹。如今,这项活动已经成为端午节最受欢迎的体育运动。

在这个传统节日里,除了吃粽子、挂艾草、赛龙舟之外,最重要的是向亲人好友表达祝福。在端午节,我们表达祝福的时候,一般说"端午安康",而很少说"端午快乐",你知道为什么吗?看了这篇文章,我相信你已经知道答案了。

生 词

1.端午节	Duānwǔ Jié		Dragon Boat Festival
2.龙舟	lóngzhōu	名(n.)	dragon boat
3.粽子	zòngzi	名(n.)	traditional Chinese rice-pudding
4.纪念	jìniàn	动(v.)	to commemorate
5.黑暗	hēi'àn	形(adj.)	dark, corrupt
6.自杀	zìshā	动(v.)	to kill oneself, to commit suicide
7.屈服	qūfú	动(v.)	to surrender to, to yield to, to bow to
8.米团	mǐ tuán		rice balls
9.喂	wèi	动(v.)	to give food to(animals), to feed
10.以免	yǐmiǎn	连(conj.)	lest, for fear that
11.存在	cúnzài	动(v.)	to exist
12.崇拜	chóngbài	动(v.)	to adore, to admire
13.糯米	nuòmǐ	名(n.)	glutinous rice
14.包	bāo	动(v.)	to make
15.香喷喷	xiāngpēnpēn	形(adj.)	savory, sweet-smelling
16.辟邪	bìxié	动(v.)	to ward off evil spirits
17.驱	qū	动(v.)	to drive away
18.沐浴	mùyù	动(v.)	to bathe
19.手腕	shǒuwàn	名(n.)	wrist
20.系	jì	动(v.)	to tie, to fasten, to button(or do) up
21.线	xiàn	名(n.)	thread, string
22.划船	huá chuán		row, paddle a boat
23.排	pái	量(m.)	a row of
24.鼓	gǔ	名(n.)	drum

25.如今	rújīn	名(n.)	nowadays, present
26.项	xiàng	量(m.)	measure word for itemized things
27.安康	ānkāng	形(adj.)	well and safe，safe and sound

语言点例句

1.宁可……也不……

(1)我宁可考试不及格,也不愿意偷看别人的答案。

(2)上下班时间道路拥挤,很多人宁可坐地铁,也不开车。

2.虽(然)……可/但/却/也……

(1)他年纪虽老但精神很好。

(2)商店虽小,商品却很全。

3.不得已

(1)车坏了,我们不得已又回来了。

(2)房间太小了,不得已我们只好站在外面。

4.以免

(1)我们应该总结一下教训,以免再发生类似的问题。

(2)你最好提醒他一下,以免他忘记了。

5.从此(以后)

(1)我和她交谈后发现原来是一场误会,从此以后我俩的关系变得更好了。

(2)那次他考试迟到,老师批评了他,从此他再也不迟到了。

课后练习

一、快速阅读课文,选择正确答案

1.这篇文章首先讲了一个关于屈原的传说,这个传说与下面哪个有关系? _____

　　A.龙舟　　　　　　B.浴兰　　　　　　C.艾草　　　　　　D.粽子

2.端午节是哪一天? _____

　　A.八月十五　　　　B.五月初五　　　　C.八月初五　　　　D.五月十五

3.根据课文第二段,人们为什么把米团投入江中? _____

　　A.不想让鱼吃屈原的身体　　　　　　B.为了得到更多的鱼

　　C.人们家里的米太多了　　　　　　　D.这样就能找到屈原了

4.根据课文的第三段,端午节最早来源于什么? _____

　　A.屈原　　　　　　B.粽子　　　　　　C.崇拜龙　　　　　　D.历史人物

5.课文中讲到了好几种端午节习俗,下面哪一种没有讲到? _____

    A.赛龙舟   B.吃粽子   C.走亲戚   D.辟邪

6.课文最后一段"我们表达祝福的时候,一般说'端午安康'",下面哪种情况属于"安康"? _____

    A.当他事业成功的时候   B.当他地位很高的时候

    C.当他年轻漂亮的时候   D.当他平安健康的时候

7.这篇课文的中心思想是什么? _____

    A.端午节人们对屈原的怀念   B.端午节的辟邪方法

    C.端午节的来历和习俗   D.端午节的赛龙舟运动

二、选词填空

    纪念   屈服   以免   存在   崇拜   宁可   系(jì)   如今

1.因为城市里的空气不好,而且房价也非常贵,所以很多人_____住在郊区,也不愿意住在城市。

2.这座博物馆是 1960 年建造的,是为了_____二战时候的英雄们。

3.这个国家最近两年经济有所好转,但依然_____很多社会问题。

4.妈妈从来不舍得扔掉没吃完的饭菜,她总是把它们放进盒子里,然后再放入冰箱,_____浪费。

5.我喜欢读一些名人的故事,特别是当他们遇到困难时,他们不放弃也不_____,我很受鼓舞。

6.我弟弟三岁就会自己穿衣服,四岁就能自己_____鞋带了。

7.这张照片是我上周末跟朋友一起游玩时拍的,这个地方原来只是一条很普通的河,_____已经成了著名的旅游景点。

8.人们往往_____最成功的人,而我最佩服的是那些坚强勇敢的人。

三、理解语言点,完成句子

1.宁可……也不……

我和大多数人不一样,周末的时候_____。

2.虽(然)……可/但/却/也……

他虽失败了,_____。

3.不得已

我不小心把写好的文章弄丢了,_____。

4.以免

你最好把护照放在我这里,我一起带去,_____。

5.从此(以后)

我上周在健身房认识了一位新朋友,我们两人相处很好,_____。

四、根据课文内容选择正确答案

1.在课文第二段，作者主要想介绍的是什么？ _____

　　A.端午节粽子的传说　　　B.人们和屈原的关系　　　C.端午节要吃团圆饭

2.课文第三段有一句话"随着时代的发展，人们丰富了端午节的内容，加上了吃粽子的习俗，让大家在庆祝节日的同时纪念历史人物"，结合上下文，这里的"历史人物"指的是什么？ _____

　　A.人们崇拜的龙　　　　　B.屈原　　　　　　　　　C.发明粽子的人

3.课文第四段讲了吃粽子的习俗，讲到人们心中充满感动。"感动"的主要原因是什么？ _____

　　A.包粽子特别有趣　　　　B.粽子特别好　　　　　　C.传统文化的保留

4.根据课文第五段，作者一共介绍了几种辟邪的方法？ _____

　　A.三种　　　　　　　　　B.四种　　　　　　　　　C.五种

5.根据课文第五段，关于辟邪，下面哪个是正确的？ _____

　　A.喝雄黄酒——驱虫　　　B.挂艾草——杀毒　　　　C.系彩线——保平安

6.在课文第六段，作者介绍了赛龙舟的习俗，结合全文，我们可以知道什么？ _____

　　A.端午节也可以热闹　　　B.端午节应该是悲伤的　　C.可以祝福端午节快乐

7.从端午节习俗看，下面哪些属于端午节？（多选题）_____

　　A.热闹的活动　　　　　　B.辟邪保平安的做法　　　C.纪念和祝福

五、综合填空

2020年端午佳节又到了。它的很多___1___在今年更有现实意义，像"辟邪保平安"的节日主题，则是___2___要注意卫生、预防疾病。

在___3___的习俗之外，"网上过端午"正在被很多城市所采用。今年，___4___疫情防控需要，北京推出了端午节朗诵会等八项网上活动；在湖北省举办的"2020年屈原端午文化节"中，许多活动也被___5___。

1.A.习惯　　　　　B.习俗　　　　　　C.思考　　　　　　D.规定

2.A.提高能力　　　B.表现良好　　　　C.强调变化　　　　D.提醒人们

3.A.传统　　　　　B.神话　　　　　　C.历史　　　　　　D.传说

4.A.促进　　　　　B.展现　　　　　　C.结合　　　　　　D.主张

5.A.发生得很快　　B.发展得不错　　　C.通知了大家　　　D.转移到了网上

六、根据课文判断对错

1.端午节有两个名称，一个叫端午节，另一个叫粽子节。　　（　　　）

2.屈原对当时黑暗的社会现实不满，最后投江而死。　　　　（　　　）

3.人们把屈原从水里救了出来。　　　　　　　　　　　　　（　　　）

4.人们在端午节系彩色丝线是为了漂亮。　　　　　　　　　（　　　）

5.端午节对人们来说并不是吉祥幸运的日子。　　　　　　　（　　　）

6.端午节最重要的事情是赛龙舟。　　　　　　　　　　　　（　　　）

七、根据课文回答问题

1.请说一说端午节为什么吃粽子。

2.人们在端午节"辟邪"的方式有哪些?

3.端午节人们祝福时为什么很少说"端午快乐"?

八、说一说,写一写

1.你们国家有没有纪念历史人物的节日? 在节日里人们通常做什么?

2.请写一篇三百字的短文,介绍你们国家的一个重要节日风俗。

后　记

　　《国际中文阅读教材》是为有一定汉语基础的学习者编写的阅读教材。本教材是在调查汉语学习者的兴趣需求、分析中文阅读教材现状以及征求对外汉语专家的意见基础之上编写而成。

　　编写成员拥有国际中文教学经验，怀着语言文化交流的理想信念，满腔热忱地投入本书的编写中。具体编写人员及分工如下：赵梅负责本书的总体设计、书稿统阅、定稿，负责上册第 19 课，下册第 17、18、19、20 课的撰写；宋思雨协助全书修改、整合全部书稿、联络团队工作，负责上册第 10、13、14、15 课，下册第 13 课的撰写；张佳曼协助全部书稿的修改、统阅、练习和教案总体设计，负责上册第 1、7、9 课，下册第 11、12 课的撰写；段晓莉负责上册第 16、20 课，下册第 3、15、16 课的撰写；田宇晴负责上册第 2、3、6、12 课，下册第 2 课的撰写；徐婉青负责上册第 4、5、8、17、18 课的撰写；余珂欣负责下册第 7、8、9、10、14 课的撰写；郭媛媛负责上册第 11 课，下册第 1、4、5、6 课的撰写；Kai Yung Brian Tam（谭继镛）负责全书的英文审阅和修正。此外，刘逸珊、刘建苗、曹晨参与了前期的课文撰写、生词语法点整理工作。本书大部分课文是原创，但由于选材面广，原创之外的少量文本编写参考了相关新闻报道或网页内容。例如有两篇课文是关于汉语学习者在中国的亲身经历，文本参考了其发表的自媒体内容，并在文中注明来源。

　　本书的编写得到厦门大学新闻传播学院、厦门大学国际中文教育学院、波兰弗罗茨瓦夫大学孔子学院的大力支持，在此对他们表示诚挚的谢意。此外，我们特别感谢张丽英女士对中华文化海外交流项目的鼎力相助。

　　期待与各位专家和读者交流！联系邮箱：gjhyyd2022@163.com。